跨越半球的人生选择

蔡蔚 —— 著

机械工业出版社
CHINA MACHINE PRESS

如果你对移民这个话题感兴趣，那么这本书对你而言将不可错过，它帮助你了解移民生活的全貌，也帮助你擦亮被美好想象蒙蔽的双眼，还将通过10个具有代表性的真实移民故事告诉你选择比努力更重要。

作者说，移民是一种生活状态的选择，也是每个人的基本权利。但是，很多人对移民都有误解，移民其实是一条长长的马路，有些人会着重告诉你路两边的风景，而使你忽略了这条马路上有多少个陷阱，如果你不知道陷阱在哪里，你都掉井里了，哪里还能看得见风景呢？

如果你真的考虑移民，那么你做好了万全的准备了吗？你做好迎接现实的打算了吗？你做好承担一切后果的代价了吗？

不妨看完此书再做决定。

图书在版编目（CIP）数据

跨越半球的人生选择 / 蔡蔚著. — 北京：机械工业出版社，2020.12
ISBN 978-7-111-67082-7

Ⅰ.①跨… Ⅱ.①蔡… Ⅲ.①移民-概况-世界 Ⅳ.①D523.8

中国版本图书馆CIP数据核字（2020）第247441号

机械工业出版社（北京市百万庄大街22号 邮政编码100037）
策划编辑：胡嘉兴　　责任编辑：胡嘉兴　刘　洁　刘怡丹
责任校对：李　伟　　责任印制：孙　炜
北京联兴盛业印刷股份有限公司印刷

2021年1月第1版第1次印刷
148mm×210mm·8印张·111千字
标准书号：ISBN 978-7-111-67082-7
定价：59.00元

电话服务　　　　　　　　　网络服务
客服电话：010-88361066　　机 工 官 网：www.cmpbook.com
　　　　　010-88379833　　机 工 官 博：weibo.com/cmp1952
　　　　　010-68326294　　金　书　网：www.golden-book.com
封底无防伪标均为盗版　　　机工教育服务网：www.cmpedu.com

移民，是一种生活状态的选择，是每个人的基本权利。

序言

2020年,我将自己10年的日记集结成书出版。人生一世,草生一春,来如风雨,去似微尘。

书中记载了10个家庭跨越半个地球的移民故事。他们都是当今社会公认的精英阶层人士,也是在大多数评判标准中认为拥有"光鲜亮丽"人生的群体,但是他们心中的各种纠结,又有几人识?我很幸运,通过"移民"这个小小的窗口,陪伴这10个家庭度过一小段人生旅程,我更幸运的是,通过每一小段的心灵陪伴,我明白了人生中,选择比努力更重要,清晰了自己的何去何从。愿远行人都看见最美的风景，愿归来者终等到最美的风景。

出版社很久前就催我交序言，我的朋友们也可以帮我联系大咖写推荐序，但我一直停滞不前，因为这不是我的初心。从一开始，我就没想过出版自己的日记，更没有想过书的销量如何，出版本书的起因只是一次又一次相遇，一个又一个外力在推进出版事宜。我仅希望通过这 10 个家庭的移民故事和人生选择，给有缘翻阅本书的你一点参考，一点触动，当然最好是隔着纸张的温暖拥抱。

摘抄一些在平常生活里，让我平和、给我力量的话语与你分享，并作为序言的结语。期待现实生活里，与你有缘亲见。

风雨里，要像个大人，天晴时，要像个孩子。
——莎士比亚

凭时间赢来的东西，时间肯定会为之作证。
——村上春树

人生如梦，我投入的却是真情。世界先爱了我，我不能不爱它。

——汪曾祺

一个人，必须有太阳。

——顾城

以清净心看世界，以欢喜心过生活，以平常心生情味，以柔软心除挂碍。

——林清玄

人之所以悲哀，是因为我们留不住岁月，更无法不承认，青春，有一日是要这么自然的消失。而人之可贵，也在于我们随着时光环境的改变，在生活上得到长进。岁月的流逝，固然是无可奈何的，而人的逐渐蜕变，却又脱不出时光的力量。

——三毛

蔡蔚

2020 年 10 月

目录

前言

01 我与移民结缘

我被一家"空壳"公司打动了	002
一分钱广告费没花做起一家公司	005
一个移民产品经理的标配	008
三环有套房,全家拿绿卡	011
由中国人操盘	014

02 加州沃尔玛里的中国导购

什么是杰出人才	022
拿绿卡和移居是两回事	025
卫生纸是有克重的	029
加州的四季	034

03 __ 逃不掉的"移民监"	不可言说的"移民监"	040
	移民不是一种煎熬	049
	夫妻共进退的签证类别	055
	选择比努力更重要	064
	人生若只如初见	070

04 __ 铁娘子创业在温哥华	站在女人背后的男人	078
	三口一瓶牛栏山	084
	从给理财师拉客户做起	091
	新移民的钱、税、房	094
	乘坐一趟有风景的列车	098

05 __ 最后的遗产	我的舅舅是富豪	102
	舅妈的三板斧	105
	自食其力	107
	妇唱夫随开茶叶店	111
	赔了夫人又折兵	115
	百炼成钢	119

06 拿了美国国籍就回国创业

农村有志青年	126
鸟枪换炮	130
一盘大棋	135
满头白发	142

07 漂洋过海的 PKU

什么是 PKU	146
我的女儿有苯丙酮尿症	149
不食人间烟火的孩子	153
我们不一样	156
这 50 万美元来不得半点闪失	160

08 穿越一万五千公里的敲门声

都是我的错	166
为爱出走，落户美国	168
艰难创业，买房安家	171
底特律迟到的婚礼	176
两次被拒签	181
靠佛罗里达州的高铁项目到不了美国	184

09

俄亥俄州麦田里的守望者

什么是终生不得入境	190
我不是一个笑话	194
基督教学校里的中国人	198
被逼成了"学霸"	201
这未必是一件坏事	207

10

星空下的追风少年

肄业的小镇青年	210
撞见面包缺席的爱情	212
大海里的一叶扁舟	217
和平分家	222
平地响起一声雷	226
天时、地利、人和	229

11

疫情，北京人在纽约

20 分钟完成临时转学	234
只吃有机食品	237
纽约的精神	241

01 我与移民结缘

我被一家"空壳"公司打动了

2002年,因为一场恋爱,我从江苏某城市移居到北京,从南到北,约1 080公里。我曾在公关公司工作三年,在那段时间住过地下室,每天早上五点起床,工作到深夜才睡觉,像所有全职"北漂"一样,咀嚼着生活的苦涩,做着在北京安家的梦。我本以为自己会这样平静地奋斗下去,结婚、买房、实现独立女性的财务自由。可2005年的一次面试,意外地改变了我的人生。

2005年8月25日,我收到了面试复试的通知,再次来到位于京广中心的锦国投资公司。在这家公司的办公室中共有4个人,其中3位是老板,1位是行政人员。这家公司除了像样的办公地点之外,其他一无所有。公司占股最少的孙总在前几日面试完我后,兴奋地看着我的背影,久久不愿离去的场景,至今仍然历历在目。

我坐在会议室等候面试复试,公司大股东方律师端着茶杯,身着名牌西服,一脸和蔼、风尘仆仆地走了进来。刚一落座,他便主动提及孙总对我赞不绝口的夸奖,说公司本来已经决定录用一位外形上佳的"川妹子",但孙总坚持改用我这位"江苏小胖儿"。我礼貌地表示感谢,并做了自我介绍。我以为方律师接下来会开始正式面试,谁知道他呡了一口茶,跟我说了一句话:"这公司是我从死去兄弟手里接的盘,我没有精力,也没有经费做。"接着他给我讲了一个故事。

这家公司已故的前任老总姓钱,跟方律师的交情很深。据方律师介绍,老钱在20世纪90年代初做生意起家,公司里有几十位下属的身家都已经超过千万元。老钱不仅想要带领兄弟们富裕起来,还希望等自己老了以后可以带着他们去新西兰养老,后来便与方律师一起做起了新西兰投资移民的业务。

愿望是美好的，可现实却异常"骨感"。不久，老钱就查出得了肺癌。自此方律师放弃了自己律所的生意，开始带着老钱遍访名医，能去的地方他们都去了。可生命似乎对老钱并不眷顾，纵使身家几亿元却也换不来点滴寿命。老钱在临终前，将自己唯一的弟弟托付给了方律师，希望方律师能带着他弟弟将移民业务继续做下去，实现未完成的愿望。方律师接受了兄弟的临终嘱托，但失去好兄弟让他悲痛欲绝，想继续经营移民业务也是有心无力。于是，他便找来了另外一位小股东孙总，而公司现在的日常经营是由孙总负责。

听完这个故事，我对方律师的第一印象是此人重情重义。我被他讲的故事打动了，当即许下承诺，如果公司录用我，即便没有任何广告经费，我也会努力尝试把业务做起来。方律师看到我的诚恳，答应每单业务给我8%的提成，业务能不能做成就看我的本事了。

2005年，百度关键词竞价排名中"投资移民"一词的单次点击费用是21元，平均1位客户的营销成本是15 000元。在当时，一分钱广告费都不要就想开拓市场，这无异于天方夜谭。方律师将信将疑地看着我离去的背影，心里琢磨着用不了几天我恐怕就会主动卷铺盖走人。

一分钱广告费没花做起一家公司

2005年8月28日，我正式入职。首先，我沉下心认真学习了当下各个国家/地区的投资移民政策。所谓投资移民，通俗地讲就是通过投钱申请办理该移民国家/地区身份的移民者。可不管是申请哪个国家/地区的投资移民，都得先找到有投资能力的人群。可这些人在哪里呢？我和孙总坐在办公室里冥思苦想了一个星期，最后我灵机一动：银行啊！银行客户经理最知道谁是有投资能力的人。于是，我当机立断决定开拓银行渠道。

我接触的第一个客户经理是凌凌。无论什么行业，好的销售人员要么走情商路线，要么走技术路线，如果两头都不占，这个销售人员一般做得不会太好。凌凌是一个属于典型走情商路线的销售人员。我第一次去网点找她谈合作时，她让我在网点大厅等了两个多小时。我一进入她办公室，她就不停地向我道歉，却始终没有用正眼看我。她在埋头做笔记，她把客户姓名按照姓氏首字母排序建立了档案，档案中详细记录了客户的基本信息和每次交流心得。

凌凌的举动令我震撼，我发自肺腑地表达了钦佩之情，她轻描淡写地说："嗨，只是工作习惯。"

她的举动让我明白了想要获得她的尊重，必须提供对等的价值。我怀着同理心问她："靠你一个人支撑网点业绩，是不是很累呢？"

"是啊，客户很信任我，我有很多好想法，通过交流也发现了客户的很多需求。" 凌凌低头一边奋笔疾书一边说："但我没人，没法干活儿啊。"

"我就是你要找的那个人。"我笃定地说,"我带一个团队帮你维护老客户,开发新客户。"

凌凌停下了笔,既好奇又充满怀疑地打量着我,不失礼貌的眼神在掂量着我的斤两。

我微笑着说:"咱们可以试试看,反正如果事情不成,对你也没有什么损失。"

凌凌露出了满意的笑容。就这样,我们达成了一致。

自此开启了我为银行渠道做增值服务,客户经理为我寻找目标客户的双赢模式。我们一起写营销方案、一起建客户档案、一起开展社区活动、一起做行业内营销推进跨部门联动等。我始终与银行基层客户经理们共同进退。

通过各方的努力与配合,有移民需求的客户很快锁定了我们公司。我入职后不到半年,锦国投资公司就获得了真正意义上的第一桶金。有了原始积累和稳定的客源,方律师不再认为我说的话是天方夜谭,开始对我刮目相看了。

一个移民产品经理的标配

自从获得了第一批客源后,我很快意识到移民申请成功率的核心在文案。移民行业的基本结构是一个金字塔型。位于金字塔顶层的是各国移民局;第二层是各国基金公司或者律师,也就是所谓的承销商;第三层是境外移民中介,也就是批发商;第四层也是底层,即终端客户。信息传达率从上往下层层递减,成本从上往下层层递增。

移民局最初收到的所有申请者递交的文件俗称文案。再厉害的申请人与移民局的第一次"亲密接触"都得通过白纸黑字。文案在移民中的作用就像敲门砖,敲得好,一招过;敲得差点意思,补件;瞎敲一气,一招毙命。

所有申请人的文案基本都是由移民中介公司的文案部员工来完成的,然后交给境外律师签字再递交移民局。由于我们公司获客方式的特殊性,为了保证客户能 100% 通过,我不能把命运交给文案部的同事,因为我输不起。我便痛下决心学习如何做文案。

文案部同事也是我的第一个师傅，叫小涵。小涵是东北女孩，学的是英语专业，身材窈窕，性格高傲冷酷。她具备一个好文案人员的素质——懂英文。不管文案怎么做，说到底都是以移民法的要求为目标、以客户实际情况为基础，再梳理思路进行编辑整理。可法律条文是"死"的，审案的移民官却是个大活人。移民官经常会在某个论坛上发表最近的审案原则或拒案理由。如果文案人员自己不会英文就不能与时俱进地查看最新的一手资料，只能看有经验的前辈总结的文件清单，机械式地对照模仿，这样一来，可怜的客户就成了文案人员练手的炮灰。小涵就是利用自己的英语优势查看一手资料，并且能与各前任移民官直接交流把握审案思路。也正因为如此，她对同事们说话总是爱答不理的。一般的文案人员向她请教一二，她都懒得回答，会经常说一句"你这都不会"就把人家打发了。

我和小涵性格互补，并且分工明确，没有"教会了徒弟饿死师傅"的利益冲突。我以能更好地与客户交流为由向她请教，小涵便倾囊相授。

我的第二个师傅是文案部的负责人小辉。小辉是北京人,头发稀疏,看面相得有四十几岁了,实际上是"80后"。小辉具备好文案人员的第二个素质:懂财务。在我国移民服务市场上,加拿大投资移民一直是移民中介的"心头好"。美国投资移民的要求是先投资,绿卡(外国人永久居留证)给不给是后话。而加拿大投资移民是先审查文件,文件获批后才通知申请者投资,这就大大降低了申请人获取资格的风险。加拿大移民局的要求是申请人要说清楚资产的合法来源。可很多人从公司账目上看不出挣了那么多钱,于是就需要按照资产情况还原相关的财务凭据。文案人员要是不懂财务,用哪种证据还原当时的情形呢?

对小辉来说,拿到一张密密麻麻的财务报表,他一眼能看出其中哪些数字不合理。与小涵不同的是,小辉并不传授我技能,我只能一边与他磨合一边偷学。不管在工作还是在生活上,数字是我心中永远的痛。为了学习财务知识,我费了九牛二虎之力,正当我为自己无师自通而沾沾自喜时,市场的风向标却陡然转向了。

三环有套房，全家拿绿卡

自 2011 年开始，加拿大移民政策收紧，于是市面上各种五花八门的美国投资移民项目如雨后春笋一般涌现出来。这些项目的本质只有一条，就是美国人想创业但没有钱，所以就要借投资人的钱给美国人创业，但美国人不保证还投资款，更不保证美国政府能给投资人绿卡。这类项目推向市场后却被某些中介包装成只需要将 50 万美元存在美国 5 年，全家就能拿到美国绿卡。很多一线纸媒、网媒争相报道，标题是"三环有套房，全家拿绿卡"。潜台词是只要有 300 多万元就能获得美国绿卡，省略没说的是 300 多万元不一定还给你，全家也不一定能拿到绿卡。

我嗅到了这里面的危险，就跟方律师和所有银行客户经理说，如果我们把客户的钱放在远隔重洋的一群文化和商业规则完全不同的人手里，希望他们对客户的钱和绿卡负责，那就是天方夜谭，所以我们应该拒绝做任何有关美国投资移民项目的代理。

大家一开始都跟我达成了共识。可是媒体的宣传攻势太猛烈了，不断地爆料某项目由骆家辉剪彩，某项目请到克林顿代言，还有的项目由伊利诺伊州政府担保，这些满天飞的噱头把人的欲望烘得燥热。但大家不知道的是骆家辉和克林顿都有出场费，只是职位不同费用不同，而且美国州政府是可以申请破产的。

银行客户经理首先绷不住了，一天到晚对我说想找我咨询美国移民项目的客人已经排起了长队，就算我不接单也得见见。无奈之下，我只能接待一波又一波客人，苦口婆心地解释美国项目有多容易"踩雷"。拒绝接单也让我们团队一年少挣约 1 200 万美元的收入。

方律师质问我，为什么其他公司都是打广告拉美国投资移民项目，而我们公司是客人天天找上门而我却拒绝接单？我也跟方律师苦口婆心地说，我们的客人来自于哪里，我们不能因为一棵树毁了一片森林。

来自公司内部和外部的不理解把我弄得筋疲力尽。市场上靠卖美国项目发财的移民中介此起彼伏，我却在坚守原则的边界里越来越孤独。我第一次质疑自己是否是一个称职的销售人员，如果移民是一条很长的马路，好的销售人员都是在宣传这条马路上两边的风景，可我却不停地告诉客人这条马路上有多少个井盖，在什么情况下这些井盖会消失，绕开井盖的方式就是选择移民的代价。能接受代价我们可以走，接受不了代价就绝对不能走。因为人一旦掉进井里，就什么风景都看不到了。

在自我否定的同时我也陷入了深深的思考之中，难道我就不能从零和博弈中挣脱出来？就没有一个两全其美的办法——既能为公司把钱赚了又能帮助客人规避风险？

情绪缓解了一些后，我开始缜密地思考美国项目中的关键点。通过细致的研究，我发现它的核心在于两点：一是客人投资款的安全系数；二是替美国政府解决10个就业名额——这也是美国移民局发永久绿卡的首要条件。而这两点在本质上是有利益冲突的。创业者要想多赚钱就要少雇人，人雇得多了，利润自然就少了，所以要想使本金有安全保障，就业人数就不能保证；要想就业人数能保证，本金就会有风险。如何才能从这个恶性循环中跳出来呢？既要保证就业人数又要控制利润率，就要求项目方在不追求利润的情况下尽量满足就业。而这一前置条件的实现不可能交给第三方来完成，于是，我便有了一个大胆的设想。

由中国人操盘

我找到方律师说明了原理和利弊，并且告诉他美国项目可以做，但是项目必须由我们自己操盘，只有这样才能控制就业人数和投资风险两项指标。让我意外的是，他并没有抱怨这个想法的实施有多麻烦，而是很爽快地答应尽早带我去美国考察项目。我长吁一口气，先是感到如释重负，然后又眉头紧锁。美国是一个高度工业化的国家，面积为1 000平方米的麦当劳只需要三个员工就能管理得井井有条。去哪里找能承载大量投资人的项目呢？如果项目吸纳的投资人太少，我们则做了种西瓜的事但只赚了卖芝麻的钱。到时又该面临两难选择了。我心怀忐忑地收拾好行囊，准备踏上去美国搜索项目的漫长旅途。

我们在美国兜兜转转，走访过基金公司，拜访过前辈，托关系找熟人，在一个高度现代化的国家找寻劳动密集型产业的基因。一路上磕磕绊绊，边打听边学习，终于功夫不负有心人，一个月之后，我们终于发现有一个行业可以实现我们的目标，这个行业就是养老行业。

在美国，养老院分为两种：一种是健康型养老院；一种是护理型养老院。健康型养老院属于高度工业化的行业，用不了多少人，护工和老人的比例是1:12。但护理型养老院的老人大多为阿尔茨海默病的患者，就需要大量的护工，护工与老人的配比可以达到1:1。这个数量级的雇员正是我们翘首以盼的。此外，当时美国的政策是只要养老院营业满两年，即便不盈利，美国住房和城市发展部也会给养老院长达30年的低息贷款，贷款金额甚至可以达到养老院建设资金的3.5倍。也就是说，只要我们坚持经营养老院两年，就可以用贷款置换所有投资人的本金，把投资款的风险降为零。这两条利好的消息简直让我们如获至宝，我们毫不犹豫地敲定就做养老院项目。

项目考察完毕，我们第一时间回国，接下来的问题是确定融资的盘子。这是我们第一次在海外创业，又涉猎一个完全陌生的行业，所以我坚持做中小体量，因为船小好调头，10个投资人是最佳规模。但所有同事都觉得费这么大劲只卖给10个人，太少了。大家经过反复商量与权衡，最后确定为49个人，分为两期，一期为25个人，二期为24个人，向每个人融资50万美元。

事情的发展跟我预想的一样，49个投资名额一经推出便一抢而空。2 450万美元很快就到了锦国投资公司的账上。当我信誓旦旦地撸起袖子准备干时，突然收到了一封投资人发给我的准备要签字的全英文邮件。这封邮件的核心内容是养老院项目将成立一个有限合伙公司。根据这个公司的章程，只要公司董事会有三席表决，就可以通过公司的任何一项决议，而董事会里的三席正是锦国投资公司的三位股东。

我拿着这封邮件气冲冲地跑去质问方律师。方律师给我的回应是他的父亲得了重病，这件事先不讨论，先让他缓一缓去照顾家里人。面对这个说辞我没有理由拒绝。2013年8月12日，方律师的父亲去世了，5天后，他把我叫到办公室，当面请我离开公司。

我突然被服务了8年的公司开除了，再一次证实了我的担忧。我压抑着被卸磨杀驴的悲愤，赶紧想办法如何能力挽狂澜保证投资人的利益。我在第一时间把49个投资人拉进同一个群，把养老院项目的始末与我的初衷和建议统统告知了他们。我相信，凭他们的智慧一定能够想出办法保障自己的利益。而这也是我最后唯一能为他们做的事了。

说完后，我突然感觉一块大石头落地了，但整个心也都空了。我带着办公室里所有私人物品走出了锦国投资公司的大门。我没有直接开车回家，而是找了个停车场停下车，一个人在马路上不停地走着。我一连走了4个多小时，我想到了8年前的第一次面试，想到了坐在我面前的方律师是如何重情重义，想到了自己第一次去银行谈合作，想到了接待的第一个客人。有欢声笑语，有痛哭流涕……一幕幕场景在脑海中闪现，我在痛苦和悲凉中挣扎，在无奈与不甘中彷徨，百感交集。

我在抑郁情绪里挣扎了好长一阵子，一年后终于收拾好心情。我做的第一件事就是注册了一家移民咨询公司，取名正阳乐康。寓意正能量、阳光、快乐、健康。从此，我不再是卖移民项目的中介，而是一名移民咨询顾问，可以心安理得地在移民这条马路上陪客人一起"数井盖、看风景"。

我与锦国投资公司的故事到这里就结束了，虽然我因提前出局而没有身临结局，但很多投资人一直跟我保持了长久的友谊。他们之后共同聘请了商业律师到美国去做养老院项目的背景调查，发现境外合作律师已经挪用了170万美元。投资人告诉境外合作律师可以不对他追责，但是他需要把所有文件全部交接过来。此后，49个投资人重新选举董事会独立运营项目，这个项目一直运营到今天，虽然历尽千辛万苦,但几乎所有人都拿到了永久绿卡,预计在 2021 年结算本金投资款后还有盈余。

在做移民咨询顾问的 7 年时间里,我陪伴了很多人走上移民的道路,见证了很多人的生活变迁,虽是旁观者却也感同身受。2020 年,是我从业第 15 个年头,我已不再是最初入行时那个愣头愣脑的傻丫头,时间的长度也已经模糊了过往的那份伤痛。

2019 年夏天,我偶然碰到一位认识多年的律师朋友,闲言碎语地聊了几句后,他突然告诉我:"你知道吗?方律师得了肾癌马上要进行手术了。"

我听后心里本能地一惊,跟朋友分手后我犹豫了半天,很多次想拿起手机给方律师打个问候电话,甚至做梦都呈现通话的场景。一位熟悉我和方律师过往的大姐说:"如果你心中有惦记,大可默默祝福,有时别人未必正面理解你的惦记,反而徒增彼此的烦恼。"知道我这几年经历的男闺蜜却说:"如果是我,一定给方律师打电话,人生不能留有遗憾，哪怕去看他一眼也成。"

至今，我也没有联系方律师，每当想起，心里默念："您保重。"

无论何时，我们都期望抬头可见湛蓝的天空，白云丝丝，一尘不染。

02 加州沃尔玛里的中国导购

什么是杰出人才

老瞿是北京化工大学的一位老师,他的爱人黄美丽是一位会计。在黄美丽的撺掇下,老瞿想要移民,问了一圈移民中介后,得到的一致答复是可用美国投资移民的方式。他们拿不准主意,就找到了我。

我跟他们说了美国投资移民的风险和代价,并且告诉他们需要解释清楚 50 万美元的资金来源。黄美丽告诉我,老瞿是他们学校最后一批有分房福利的老师,他们在北三环边上有一套面积约为 80 平方米的房子,这也是他们唯一的房子。

我说移民是为了锦上添花而不是为了勒紧裤腰带，卖房移民不是一个好选择。然后，我盯着老瞿看，看到他的眼镜片比杯底还厚，透过眼镜片可以看到他的两只眼睛就像两颗豆子。我觉得他眼镜片的厚度应该跟他做学问的厚度差不多，于是脑子里突然蹦出一个灵感：他有没有发表过论文？

我马上问他在学校是做研究还是做行政，他说他是高分子材料专业的老师，黄美丽赶紧补了一句："老瞿现在是副教授。"他马上严谨地解释自己还没有评上副教授，只是在参与评选副教授，他目前只是一个高级讲师。通过老瞿的回答，我觉得他更实在一些，然后我就告诉他，他有可能是杰出人才。

黄美丽问我："什么是杰出人才？"我告诉他们：杰出人才是美国职业类移民，只要是在科学、技术、教育、社会科学、人文、商业、艺术等方面的优秀人才都可以算杰出人才。黄美丽问我："是不是像奥运冠军、明星那样的人？"我对她解释不是这样的，并给他们打印了一张杰出人才的表格，告诉他们只要符合表格里十条中的三条，不用花钱都可以拿到永久绿卡。黄美丽突然意识到可以省很多钱后，表现得很兴奋，老瞿却淡定地说："那得先看看条件。"

老瞿把眼镜抬了起来，把打印出来的纸几乎快贴在脸上了，我问他要不要放大字号重新打印一份？他说不用。能看得出来他很专注，而且不希望别人打断他。他用了两分钟时间认真看完后斩钉截铁地告诉我，他觉得自己没有问题。我就问他大概有几条可以为自己举证？他说他有很多篇以第一作者发表的论文，还出版过不少书，他也是学校用的教材的编委会成员之一；在高分子材料领域他还有很多专利，也有专利评审的资格。我就告诉他，他肯定能过，不需要花任何投资款，只需要找人给他做好文案就行。

他告诉我他的英语很好，自己就能做文案。我向他解释，杰出人才的文件需要用一个美国人的思维把一个中国人如何优秀的故事讲给美国移民官听，也许他的英语水平比美国的本土律师还优秀，但是他并不擅长把自己如何优秀这件事说给美国人听。老瞿听后明白了。他就付费请了一位美国本土律师帮他做文件,他从提交移民申请到拿到绿卡只用了三个月时间。

拿绿卡和移居是两回事

老瞿拿到绿卡后很高兴,准备庆祝一下,就打电话约我吃饭。饭局上除了老瞿、黄美丽和他们的女儿外,还有老瞿学校的两个同事。两杯酒下肚后,老瞿先即兴用英语朗诵了诗词,然后拿出口琴吹了一首《莫斯科郊外的晚上》。我看他如此放得开,就跟他开玩笑说:"你第一次满脸笑容向我走来时让我想起了树袋熊。"他乐呵呵地说:"也就你这么说我。"

我端起酒杯对老瞿说,他从此不但可以用英语朗诵诗词和吹口琴,还有了另外一片自由的天地,那是他人生的另外一个选择。黄美丽听到我这么说后,马上开始抱怨老瞿挣的钱不多，像他这个专业移民后可能有更好的发展。这时，老瞿的两个同事也跟着抱怨起来，然后附和黄美丽的看法，用恭维的语气说："嫂子说得对，你看别人想去都去不成，我们老瞿，三个月，没花钱，美国人就拱手把绿卡送给他了。"

我仔细听着他们的谈话，一句话都没有说。

饭局结束不到一个月，老瞿又单独约我喝茶。他告诉我黄美丽让他辞职去美国。我问他为什么，他说他一个月的工资才几千元。我听了之后感到很惊讶，一个大学高级讲师的收入竟这么少。他苦笑着说，学校的工资不是他收入的主要来源，他每年给药企和轮胎企业出高分子鉴定报告，能有几十万元的收入，接着他又告诉我，这一次副教授评选他又落榜了。

我能感受到他内心的失落，但我还是直言不讳地告诉他，拿绿卡和移居是两回事。拿绿卡的代价能看见，在自己有能力的情况下买一个身份给自己多一个选择是可以的，但是对于移居来说，有可能他所面临的远不止在国内副教授没评上而遭遇的打击。然后，我就向他解释，虽然他有很多专利，但是高分子材料的应用领域大多是一些涉密行业。他去了美国之后，由于肤色和国籍的问题是否还能从事本专业的工作，就要画一个大大的问号了。即便他能想得开，可以不做本行，可他的英语再好也是别人的母语，他在心情好的时候用英语朗诵一两首诗词和用英语来求生，完全是两种心态。

老瞿听完后沉默了一会，然后告诉我其实他心里知道根本就不应该去，但是黄美丽每天都在跟他在加州的同学联系。他的那些同学都是在美国读完研究生后留在了美国的实验室工作。他们告诉黄美丽实验室里的单纯环境，没有人情世故，只需要专注做研究，而且美国的自然环境和人文环境都很好，就是靠能力吃饭。可是老瞿的同学们没有提到的是美国的自由是有代价的，更是有等级的。

在我们喝完茶之后的一段时间内，黄美丽每天都在埋怨老瞿不懂得人情世故，一天到晚做那些研究没什么用。

老瞿就默默地听着，从来不还嘴。见这招没用，黄美丽就改变了策略，把"大棒"换成了"温柔刀"，她用很温柔的语气跟老瞿说，她也不希望他一辈子就这样庸庸碌碌地过下去，她也知道其实老瞿觉得自己是完全配得上正教授职称的，但是他不愿意去妥协，所以美国的学术氛围更适合他。

接着，黄美丽就跟他算了一笔账。他们北三环的房子可以卖400万元。400万元在加州能买一个前有草地后有花园的别墅，而且他也可以专心去做他喜欢的事情。老婆的"温柔刀"击溃了老瞿最后的心理防线，使他终于下定决心移居美国。出发前，老瞿打电话告诉我，他们要走了。

我听到老瞿说要走时心里涌出一阵落寞，我本想走之前请他们吃顿饭，老瞿推辞说吃饭就算了，还有很多东西要打包，他们三天后就要去加州了。我告诉他我一定要去机场送他们。

离开那天，黄美丽很兴奋，老瞿跟往常一样，没有喜悦也没有惶恐。但是，我看着他们心里掠过一丝惶恐，心底传出一个声音——"给他们办绿卡是办对了吗？"他们临过安检前，我跟老瞿说我随时欢迎他回来。黄美丽坚决地说不回来了。老瞿一句话也没有说，一直在笑。

卫生纸是有克重的

他们到美国后，我们就没再怎么联系了。之后有一次我去美国出差，刚好要到旧金山，想起他们夫妻，就给黄美丽打了个电话。黄美丽很热情地邀请我，让我一定要去她家住一晚。我说我就不留宿了，去看看你们就好。

他们家在湖畔郡，从旧金山开车要花一个小时才能到。我早上办完事，到她家的时候已经接近中午了。我看着眼前的三层小别墅，它确实是前有草地后有花园，很漂亮。可我一进门却被吓了一跳，里面有四五个孩子在跑来跑去，乱哄哄的。

黄美丽直接把我带到别墅的三层，告诉我这一层才是她的家。别墅那么大，他们一家三口住不了那么多房间，房间空着也是空着，于是租出去挣点钱。我告诉她这么做是对的。然后问她老瞿去哪，她说老瞿上班去了，知道我要来，中午会回来一起吃饭。

离饭点还有一点时间，刚好我要买卫生用品，就问黄美丽别墅附近有没有超市，她说她正好要去超市，我们就一起去了附近的社区超市。我到超市后直接奔向专柜拿了卫生用品，一转身发现黄美丽不见了，左找右找，发现她站在一堆卫生纸面前，手里还拿着笔和本在写什么。我很好奇，就走到她身后看了一眼，发现她在本子上做除法。我就问她在做什么，她告诉我她在算买哪个卫生纸更划算。她拿起一提卫生纸指给我看，上面写着克重和价格，她用价格除以克重就能算出哪种纸的性价比更高。我诧异地笑了笑，什么话也没说。

我们到家时，老瞿从单位回来了，打眼看过去，他苍老了好多，也瘦了好多。我就问他怎么那么瘦啊，接着跟他开了句玩笑说,美国果然都是有机食品,吃不胖。老瞿乐呵呵地说瘦了好,千金难买老来瘦。我问他现在还念英语诗词吗,他笑着说现在用英语只是交流,哪有什么诗词可谈。

我和老瞿你一句我一句地瞎侃着,黄美丽从冰箱里拿出两盘冻饺子,准备下锅煮。我就跑到厨房帮着她一起忙活。我问她这是从刚刚那家超市买的饺子吗?她说不是,是她自己包的,每个星期她都会包一些饺子放着,有时候来不及做饭,就赶紧煮饺子吃。我吃了一惊,下意识地问了句她现在会做饭呀,她微笑着说,来了之后,什么都会了。

饺子煮好后端上桌,老瞿吃得比我们都快,三下五除二就吃完了,然后告诉我他要回去上班,让我在他家多玩一会。我以为他是赶着回实验室。我觉得自己好不容易来一趟,跟他没说上几句话他就走了,于是问黄美丽他几点钟下班。黄美丽说他的时间没谱。我就给合作伙伴打电话说我当天晚上不回去了,因为要等一个朋友,需要住一晚。

我们吃完午饭，黄美丽要带我看看这边的学校，于是我们就去旁边的小学遛弯。一路上，她没有怎么说话，而我的心里却有一万个为什么，我知道她要面子，就一直跟她有一句没一句地聊着。在路上，我们遇到一个华人，她主动跟黄美丽打招呼，并且问她下周哪天有空。从她们的谈话中，我听出来黄美丽在她家做小时工。她们聊完后，我告诉黄美丽我在这附近还有一个客人要拜访，让她先回家。其实，在这附近我没有客人，我借口离开去了旁边的小树林，因为我需要一个人静一静。从进她家门到此刻，我的心里五味杂陈。

我一个人在小树林里待到傍晚五点多钟，回到她家，她已经把晚饭做好了。我问她老瞿还没有回来吗，她说他应该不回来吃晚饭了。我说那我们就别吃饭了，平常我晚上也不吃饭。黄美丽提议喝点红酒聊聊天。我说这个主意挺好的，我们就去她的卧室，她坐在床上，我坐在地毯上，我们端着酒杯一口一口喝酒。

两杯酒下肚，她开始主动告诉我，当初没有人告诉他们来了美国之后是这个情况，跟他们说的情况与他们来了之后遇到的情况完全不一样。她就跟老瞿说，要是难受就回去吧，老瞿说在什么地方都一样活。黄美丽说她以前没觉得老瞿有多么好，来美国之后经历的这些事情，让她知道原来的她有多么肤浅。其实是她害了老瞿。

　　我说她可千万别这么说，要是这么说的话，我会觉得是我害了他们。如果不是我给他们介绍律师办移民，他们也不至于走到如今这步。黄美丽说老瞿说了，永远感谢我。我问她感谢我什么，她说老瞿说过人活着就是体验不同的人生，他的前半生在学校里做研究，后半生能从事体力劳动，他觉得没什么不好。我说我今天留下其实就想再看看他。她说如果这个时间他还没回来，就不回来了，肯定是接了夜班。等不到老瞿，我们又喝了几杯酒后，我就回房间了。躺在床上，我翻来覆去怎么也睡不着，脑海中反复念叨黄美丽说的那些话。我想老瞿肯定没有把我们一起喝茶那次说的话跟黄美丽讲，也许他宁愿自己承担所有的压力，也不想打击他爱人的任何一点幻想。想着想着，我的心里更乱了。

在我辗转反侧之际，外面驶过的汽车一辆接着一辆。只要一听见汽车响，我就赶紧爬起来往窗外看。到了深夜3点，我看到一个身影走近家门，在灯光下这个身影特别清晰，是老瞿，他穿着一件沃尔玛的背心。

我一宿没睡，早晨5点悄悄走了。走之前，我在枕头底下放了200美元。黄美丽发现我离开了，给我打电话问我留钱是什么意思。我说我觉得特别愧疚，但这个钱不是用来弥补我的愧疚的，是希望她不是在安慰我，而是告诉我那些话都是真的。

加州的四季

我回国后与他们的联系逐渐频繁起来，这才具体得知他们去美国都经历了什么。最初老瞿的同学打包票，称以老瞿的学历和资历最差也能到大学当个讲师，他肯定能帮着搞定。结果到了美国，左等右等就是没有同学的回信。

老瞿知道去大学是没有希望了，就去企业应聘找工作。一开始，他先找与本专业相关的工作，可美国的航空、汽车、医药行业均属于涉密行业，猎头看到他是中国新移民后，他的简历还没有到企业人力资源部就被拒收了。

然后，他就去打听最适合新移民做的都是什么工作。问了一圈，得到的反馈是房产经纪。卖房子这事他觉得自己不适合，因为除了擅长的话题，他没有办法跟别人自如地交流，更何况还要销售房子。所以，房产经纪、保险、旅游，这些新移民做得最多的职业他统统都做不了。最后，能选择的只有力气活了，他就去沃尔玛做了临时工。

到了沃尔玛，他的第一个岗位是仓库保管员，每天的工作是开着小铲车把货从货车上卸下来，然后送到指定位置。沃尔玛仓库管理的自动化程度很高，从搬货、查货、验货到记账都只由老瞿一个人完成。工资按小时计，做得时间越长，得到的工资就越多。他平常中午带饭，晚饭基本不吃，只要不是自己累到不行，他就会一直做。

即便是早、中、晚三个班他都连轴转，赚的钱也是微薄的。黄美丽看到老瞿为了养家连仓库保管员都做，而且还是拼了命做，她就很难心安理得地在家做一个闲太太。她开始学习如何做饭，如何省钱，一有空就去做小时工。

为了多赚钱，他们把一层和二层全部租了出去。他们搬到三层，留给自己整栋别墅里一间最小的卧室，用的是公共卫生间。最开始，他们把三层带卫生间的主卧也租了出去，后来实在不方便，老瞿就说留给女儿吧。

现实磨平了黄美丽的棱角，而老瞿始终乐观的精神给了她很多温暖，她开始变得安静平和，也真正对老瞿有了依赖。他们对平凡的生活不再挑剔，平平淡淡就很知足。他们在忙碌中度过了两年，就在我从他们家离开后，他们的生活也悄悄发生了改变。

去沃尔玛的客人常常看到老瞿在库房进进出出，遇到任何问题就跑过去问他。这些问题中凡是涉及建筑材料的部分，老瞿都会深入浅出地根据客人的需求推荐产品，并且解释这些产品的特性和优劣。他真诚的态度和专业的回答获得了不少客户的好感。他的领导突然发现他是一个被忽视的人才，于是立即把他从库房调离到导购岗位上。

基础客源加专业背景使老瞿很快成为沃尔玛的金牌导购。跟客人打交道多了，客人们也开始对他真正有所了解。他们不再把他当成一名导购员，而是当成一名移居到加州的高分子材料专家。他的故事被当地华人传开了，家里有孩子的客户都想让老瞿帮着补课。就这样，老瞿又重新做回了一名老师。

有一天，我突然收到老瞿打来的电话，他问我什么时候再去加州。他说加州是一个在任何时候都能看见四季风景的地方，如果我下次去，他一定要带我出去转一转，在一周之内同时看到春夏秋冬是一种非常特别的体验。听到他开心地描述加州的风景有多么秀美，我想到了妈妈以前和我说过的一句话："人生追求完整，不追求完美。"我莞尔一笑，对老瞿说，我下次去加州一定找他。挂了电话，我平和地走进下一位客人的办公室。

03

逃不掉的『移民监』

不可言说的"移民监"

杨柏青是国内某顶尖私人银行（简称私行）的贵宾客户。通常情况下，大多数客户的首次见面都会约在私行中心，通常他们选择在什么地方成为私行客户，是因为他们的家就在附近，为了自己方便，他们就会要求我去私行见面。但是这个人特反常，他坚决不去银行，坚持要来我公司，而且不允许客户经理陪同。

为了表示尊重，我去电梯口接他。电梯门一开，我看到他戴着帽子，帽檐压得很低，两只手插在兜里，猛地一看，以为是辛柏青。我盯着他看了几秒，问："您是演员吗？"

"我不是。"他说。

这三个字从他嘴里蹦出来,从语气到表情,都透着一股骄傲劲儿。他从电梯门走出来径直往前走,他的爱人默默地跟在后面。我瞅了一眼他的爱人,个子很高、皮肤白净,长得说不上漂亮,但一看就是贤妻良母,脸上一直挂着微笑。她除了背一个包外,手上还拎着一个纸袋,我顿时觉得这个男人一点都不懂得照顾人,东西都是由他的爱人拿着。然后,我就往后退,陪着他的爱人走,我问她:"怎么称呼您?"

她说:"姓郭。"

到了会议室,他没有和他的爱人一起坐下,而是先站在落地窗前,如同指点江山一般说:"国贸这一片,现在简直没有生存的空间了。"

这时,公司的服务生进来问他们需要喝点什么。

他的爱人说:"随便,温水就可以了。"

杨柏青就问:"你们有什么?"

服务生告诉他有咖啡、茶,还有热饮和冷饮。

他问:"热饮有什么?"

服务生先是愣了一下,因为一般很少有人会打破砂锅问到底,然后说:"热饮我们有奶和茶。"

他说:"茶就是茶,热饮就是热饮。"

服务生就问:"那您想喝什么?"

"我什么都不要。" 说完他就坐下了。

我突然想,这个人是来找茬的吗?

他坐下后对我说:"你为什么问我是不是演员?"

"因为您看着很像一个演员,辛柏青。"

"也不是你一个人这么说了。" 他说。

他的爱人在旁边笑了笑。

我已经不想跟他聊天了，就直接问他："您今天来是想咨询什么？"

他说："我想咨询加拿大移民。"

我问他："您知道加拿大有'移民监'的要求吗？"

他说："这个你不用说，我们都非常清楚。"

他的爱人就对我说了一句："你还是说说吧。"

他就说："这有什么好说的，我跟你讲就行了，我很清楚。"

被他这么一说，我就没法再接话茬了。我说："那行，您对什么不清楚？"

他说："我就想知道这个文件该怎么出。"

我告诉他办理加拿大移民需要解释清楚 80 万加拿大元（以下简称加元），也就是 560 万元（按当年的汇率计算）资产的来源。简单来说，不管他名下有多少钱，移民官只要求他解释清楚 560 万元的资产是怎么来的。有一种很变通的解决办法是，如果家里有房产，当初买房子的时候的购房价格比较低，例如只有 80 万元，可是几年之后房价涨到 560 万元，他只需要解释清楚当初 80 万元购房款的来源。假如房子是靠贷款买的，首付比例是 30%，那么，他只需要解释清楚 24 万元是怎么来的。这是最简单的一套思路。

他听完后跟我说："我们家房子没有靠贷款买，都是一次性买的。"

他的爱人小心翼翼地从纸袋里拿出来一摞房产证递给他，他就跟码牌一样，潇洒地把 11 个房产证在桌子上摊开了。然后，像庄家做庄一样说："我们的房子还是比较多的，但是哪套适合？你挑吧。"

我看着他嘚瑟的样子，本能反应是，他们才 30 多岁，哪来这么多套房子？如果这些房子不是用他自己的钱买的，我需要证明买房的钱是谁给他的，赠予人的钱是从哪里来的，总之得找到源头才行。我就问他："你们年龄也不大。这些房子是用自己的钱买的吗？"

我一说完，杨柏青立即就站了起来，开始在会议室里溜达，他溜达了一圈后坐到会议室的另一头，离我们远远的。

这时候他的爱人开口了："我们的房子主要是我爸爸买的，婚前买了一些，婚后也买了一些。"然后，她就开始分房产证。婚前的有6套，婚后的有5套。

我说："那您的父亲是做生意的吗？对于这些资产的来源，我该怎么解释呢？"

她说："我爸爸是画家，只要卖了画，就有钱了，他就愿意给我们买房子。"

从父母赠予的角度解释资产来源不是最好的选择，移民官更希望申请人是通过自己的努力积累的财富，然后我就问他们从事什么行业。她说自己是全职太太,杨柏青说他经营着一家公司。我就问杨柏青,如果用他的公司来解释收入来源能匹配其中某一套房子吗?

"应该能。"他说。

我就开始翻他们婚后的房产证,找到一套最便宜的房子,然后问:"这套房子你们有印象吗?是花多少钱买的?"

"这套房子是 2008 年买的,"他说,"总价是 100 多万元。"

"这套房子原值还挺低的。"我说,"100 多万元购房款是一次性付的吗?"

"是一次性付的。"他说。

"是谁付的?"我问。

他的爱人说:"我印象当中也应该是我父母付的。"

杨柏青说:"谁说的?这套房子我们也出钱了。"

"如果是你们出钱了,有银行流水吗?"我说,"我可以拆分成两部分来解释资金来源,一部分是赠予,另外一部分就是你们的工资收入。"

他的爱人面带笑容看着他,温柔地说:"你确定我们出钱了吗?"

杨柏青说:"你查查流水,你看我们出钱了没有?"

他的爱人拿出手机要去查银行流水。

"即便是你们出钱了,也要给个比例。"我跟他们说,"这套房子的总值不够加拿大的资产要求,所以还得再找其他资金来源解释。你们现在自己的银行账户上有沉淀的收入吗?"

这时候,他的爱人不说话了。

我问他:"您公司一年能有多少流水?能有多少

利润？"

他说："也不是很多。"

能听得出来他不想透露具体数字，我就跟他说："再找一套房子，咱们就按父母赠予的思路操作。"

我对他的爱人说："得麻烦你们回家找一下父母，问问这套房子是只靠卖了一幅画还是卖了两幅画所得的收入购买的？他们卖的画最好是走拍卖行，这样收入来源好解释。"

"我明白了。"她说，"我回去找我父母求证下。"

我向他的爱人说完了所有细节后，他突然冲她吼了一句："你听懂了吗？"

她说："听懂了。"

这时，我基本清楚了他就是个吃软饭的人，还非得装成家里的顶梁柱。我就对他的爱人说："您别着急，郭女士，稍等我一会儿。"我走出会议室，让助理把我要求准备的材料列出一个清单，然后回来交给她说："您就拿着这个单子，一条一条回家去搜集，不复杂。"

"行，我明白了。"她笑着说。

"咱俩以后估计交流会多一些，我能留您一个电话吗？"我对她说。

杨柏青突然很严肃地说："不，不要留，你有事情跟我联系就行了。"

他的爱人没有说好也没有说不好，就一直微笑着。我把他们又送到电梯口，结束了这次不太愉快的咨询会议。

移民不是一种煎熬

电梯门关上后，我就给客户经理打电话，问她杨柏青是她什么客户。客户经理告诉我，杨柏青的岳父和岳母是她的私行客户，他们的女儿郭女士也是，但杨柏青本人没有在她那里开户。然后我就没说话了，话都到嗓子眼了但我咽下去了，因为这跟银行营销没有关系，只是我自己有情绪而已。

当天晚上，我接到一个电话。一看是杨柏青来电，我就接了。

他说："蔡总，有个事，我希望能够跟你明确一下。"

"您说，什么事？"

"我希望加拿大移民的这些细则问题，我们两个人来交流就可以了。"

"资金来源是您岳父和岳母那边，也要我跟您交流吗？不需要跟郭姐交流吗？"

"资金来源的这个事我跟我的爱人说了，她会按照你的清单去准备，准备好之后，我会拿过来给你。"

"那就没有什么其他细则了。"

"关于加拿大拿卡的流程，包括未来的'移民监'的问题，我很感谢你一上来就提示我们这些风险，但是我的爱人心里还是有顾虑的，你就不要再反复刺激她了。我也好不容易下定决心办移民，我觉得这件事从长远来说对她是有好处的。"

我说："您的意思是不是说我不用再提示您的爱人与'移民监'相关的任何风险？"

"是的，就是这个意思。"

"行。"我答应他了。

挂了电话，我心里掠过一阵忐忑。杨柏青的动作非常快，他让他的爱人在一周之内就准备好了所有文件。他没有到公司与我当面签约，而是直接转账给我，文件也是发快递给我的。他的这些举动更加重了我心中的忐忑。

一天下午,他的爱人拿着一本拍卖行的画册独自到了我的公司。她告诉我她要到国贸这边买东西,顺道就把画册送过来了。我们寒暄了一会儿,她问我有时间吗,她想和我聊聊天。我正准备去参加一个培训,可我的第一反应却是回答她我有时间。我就把她带进了会议室。

落座后,她开始跟我说她心里对于办加拿大移民这件事一直是很犹豫的。她不想跟她的父母长时间分开。她的父亲因为长期画油画眼睛不好了,她的母亲平时要照顾她的父亲的生活,他们两个人是不可能离开北京的。但是她的爱人也说了,反正她没有工作也不需要她挣钱,去加拿大可以有更好的生活环境。

我仔细地听着,没有打断她。

她接着说:"你那天提了一句'移民监',我自己上网搜了一下,但网上说得不是很多。那天我其实挺想听你说一下的,但是我先生打断了你,挺不好意思的。你能大概跟我说一下，如果我取得了加拿大身份，就像你那天一开始告诉我的一样，代价与风险有可能是什么呢？"

我对她说："加拿大要求移民者在 5 年时间里累计住满 2 年，而且是每一个人都必须要去加拿大，包括您的孩子在内。如果您的爱人不去，不能满足一年住 4 个多月的要求，那么他是拿不到绿卡的。加拿大移民法规定，如果您的合法配偶是加拿大国籍，您就自然而然可以申请夫妻团聚，随时随地可以拿到您的永久居住权。那么此后，会像很多其他家庭一样，您家里能居住的人在 4 年时间里需住满 3 年，也就是此人一年要住 9 个月的'移民监'，相当于一年很少有时间能回来了，然后才能入国籍。只有您入了国籍，才能够保证您的爱人能保留那张绿卡，否则他的绿卡是会被吊销的。"

听完后，她焦急地问："那大多数人是能去还是不能去？"

我说："我不知道，我也没做过市场调查，我只想告诉您，要不要去应该是每个人在去之前根据自己家庭的情况来衡量的。我告诉您大多数人能去，也不代表您就能去。每个家庭的情况不同，您要自己去衡量。"

她说："如果是这样，我真的去不了，我的妈妈照顾我的爸爸本身就很辛苦，我的妈妈身上也有不少毛病，我平时也要照顾他们，他们就我这一个女儿。"她接着说："我的孩子是隔代遗传，在画画方面挺有天分的，最好的老师就是她的姥爷。我要是把她带到加拿大去，谁来教她画画？我不觉得有比我爸爸更适合的老师。"

我没有接她话茬。

她顿了顿，说："而且我先生告诉我，他肯定去不了，意味着就是我要一年住9个月的意思吗？"

我说："那有可能，如果他去不了，他还想拿卡的话，就只能靠你去住要求最严格的'移民监'，一年住9个月，因为他只有娶了一个加拿大籍人做妻子，他才能够去申请夫妻团聚，保留绿卡。"

"那我做不到,真做不到。"她沮丧地说,"那我还是考虑一下吧。"

"您考虑一下。"

"谢谢你告诉我这件事。"

"没事,应该做的。"

夫妻共进退的签证类别

把她送走后,我想到了杨柏青有可能会来找我。果不其然,我中午还没到家,杨柏青就给我打电话,他在电话里向我咆哮,信誓旦旦地说要到银行投诉我,说我不尊重客人意愿,没有征得他的同意就告诉他的爱人'移民监'的事情。我平静地跟他说他可以去投诉我。

晚上,客户经理给我打电话问我是怎么回事,我告诉她杨柏青拿着岳父和岳母的钱，住着岳父和岳母的房子，在他的爱人对'移民监'不知情的情况下，要把她送到一个'移民监'这么长的国家去，我不知道他想做什么。客户经理听到是这种情况后说，如果这件事情是他故意安排的，一定不能告诉郭女士。我告诉客户经理，站在银行的角度我实际上是要维护私行客户的利益，而郭女士才是私行客户。

客户经理问我："可是杨柏青就这样咆哮，咱俩如何对待呢？"

我说："兵来将挡，水来土掩。你让他到我公司来。你可以表示一下对他的尊重，你陪着他一起来。"

客户经理说："那行，我跟他约一下，这样的人咱俩一起收拾。"

第二天下午，杨柏青又来到我的公司，他还是戴着一顶鸭舌帽，帽檐还是压得低低的。他进来之后，自己直奔会议室。公司前台人员跑到办公室告诉我："蔡总，那个谁，那'演员'来了。"

我说:"行,让他等一会儿。"

过了两分钟,前台人员又跑过来跟我说:"嘿,那'演员'这回要了热饮。"

我跟她开玩笑说:"他这回要什么了?"

"要的是咖啡。"她说。

让他等了大概5分钟,我就进会议室了,他看到我进去后,怒气冲冲地瞪着我。

我主动跟他打招呼:"杨总,您好。"

他说:"我希望你给我一个解释。"

我说:"昨天晚上您应该是去找王经理投诉了,王经理非常认真负责,下班时间还给我打了电话,我在电话里已经向王经理解释过了。今天你们二位都来了,我当着你们二位的面再解释一遍。第一，我是跟银行合作，合作的义务是为银行的私人银行客户在移民这事上保驾护航；第二，您的爱人是银行的达标私人银行客户，她自己当面到我这里，咨询了我应该解释的问题。一是基于事实，二是完全没有超纲，没有任何法律法规规定她不该问这个问题，或者我不该回答这个问题；第三，我回答她的这个问题的答案，经得起移民法的推敲，经得起您去任何一家机构的核实。如果您觉得我给她的回答不符合标准回答，您尽可以让您的爱人去投诉我。"

他说："那我前两天嘱咐你的事，你答应了我，为什么你没有做到？"

我说："第一，我真的不知道您不是私行客户。当我很明确地知晓了我该为谁服务的时候，我才知道我答应您的并不符合银行对我的咨询服务的要求。因为咨询服务标准在先，您也没有告诉我您不是私行客户，所以我觉得我没有错。您可以让您的爱人去投诉我。"

这个时候他说了一句:"你知道吗?你这么做很有可能破坏我们夫妻的感情。"

"我没有。"我直截了当地说,"杨总,您知道吗,您所做的一切让我觉得您在刻意破坏夫妻感情。"

这时,桌子被他猛地一拍,发出了"啪"的一声。

王经理看他拍了桌子,赶紧说:"别生气,杨总。蔡总你这话过分了,你怎么能这么说呢!"

我平静地说:"我很好奇,您为什么不肯告诉您的爱人加拿大这么严苛的'移民监'的要求?当她知道还没到取得国籍的要求,恐怕5年时间里住2年,她都住不了。您为什么会选择加拿大呢?"

一阵沉默。然后,他把帽子徐徐摘了下来,说:"我选择加拿大有我自己的理由。"

我就告诉他:"加拿大移民一直是我认为必须由夫妻

共进退的项目,如果我因为卖一个移民项目,眼睁睁地看着这个人的婚姻没了,我真的不愿意做这样的事情。如果我连这点职业操守都没有的话,我相信银行也不会选我的公司来做他们的咨询服务机构。如果那样我觉得我跟那些眼里只有挣钱的中介没有任何区别。所以,请您相信我的出发点是好的。我是希望你们夫妻俩共进退。你们夫妻俩本来在北京就已经享受很好的生活了,是否有必要长期两地分居,去选择这样一个签证类别?"

然后,又是一阵沉默,他许久不说话。

看到场面冷了,王经理说:"哎呀,杨总肯定是有自己的安排,蔡总也是出于好意。毕竟隔行如隔山,我们银行选择蔡总就是因为她是愿意客观、公正地来跟客人分享移民签证的政策。"

他还是不说话,手里拿着帽子,像小孩子一样折来折去。

我就跟他说:"杨总,如果我之前说话有太冲的地方,我向您道歉,但是请您相信我,我真的是好意。"

这时他开口了:"有的时候不一定在一起就是最好的。"

王经理是特别敏感的人,听到杨柏青的话她就说:"不好意思,我出去接个电话。"

会议室里只剩下我和杨柏青两个人。看到他有点无助的样子,我的心突然软了下来,我就给前台人员打了个电话帮他要了杯茶。他说:"其实那天你也看到了,北京的生活你看着是挺好的,但是于我而言压力太大了,空气是凝固的。你不太了解每个家庭的具体情况,有的时候好心不一定办好事。你是好心,但是你所做的事情并不一定真正能够帮到我。"

我就问了一句:"那您觉得怎么难受了?为什么就一定要把您的爱人送出去,您就觉得好受呢?"

他说:"虽然我表面看着是一家之主,张牙舞爪的,但是我也要看人的脸色。我这个公司是一直开着,但确实不太挣钱,我的爱人是维护我,给我面子,但是这一切都不是我想发生的。我也生活得很压抑,我需要去寻找我能够生存的空间。"

听到他说的这些话,我心里同时涌出两股感受:一方面,我觉得他遇到这么好的女人却不懂得珍惜;另一方面,他的岳父和岳母虽然给他钱买房子,但可能在言语上对他不太尊重,让他有心理压力。我对他说:"您不能把您想要的空间建立在您爱人的痛苦之上。您的爱人没有英文基础,而且那天她告诉我,她除了对父母的牵挂外,还有对您女儿成长的。您更不能以您女儿的成长为代价来换取您自己的空间,那样的话,从我一个旁观者角度来说,我可能说话您又不爱听了,我觉得您太自私了,您不觉得吗?"

他又不说话了,这个时候服务生端着茶进来了,他一直盯着这壶茶看。我的第一反应是茶是不是不合适,就问他:"您的胃不好吗?"

"是,我有浅表性胃炎。"

我就立刻又给前台人员打电话说换红茶,前台人员赶紧换红茶。

我对他说:"抱歉,我没问,我也没叮嘱。"

他说:"其实你这人还不错。"

"我要是坏人的话,我做不了这个事儿。"我说。

他问我:"你结婚了吗?"

"我结婚了。"

"你有孩子了吗?"

"我刚刚生完。"

"婚姻这件事未必在一起就是好。我不是北京市户口,在大学时期,跟我爱人谈恋爱,是她追求的我。我觉得她这个人很好,但我真的不知道她的父亲是画家,而且还是挺有名的画家,她也没告诉我她父母对我们的婚姻不支持。"

这时,他开始把他和他爱人的故事娓娓道来。

选择比努力更重要

　　他在大学里属于在公众场合会瞬间成为核心的人。一是因为相貌出众；二是因为口才出众。有一天晚上，他的爱人背着书包找自习室，在某个教室门口看到他在跟别人侃侃而谈，马上被他吸引了。从此，只要他参与的活动她都会去。因为长期参加各种社交活动，期末考试时，全班40个人，只有他的高等数学考试没有通过。虽然平时他是学校里的风云人物，但此刻他不得不孤零零地面对补考。他的爱人学习很好，尤其是线性代数和高等数学课程，考试成绩几乎接近满分。她主动把自己的高等数学课的笔记给他，告诉他："我可以帮你。" 这是她第一次主动跟他说话。

　　有了第一次"亲密接触"后，两个人从陌生开始变得熟悉。大学二年级时，他踢足球导致急性心肌炎发作，不得不在校医院住院。他一个月的生活费只有500元，而她的父母那时候能给她一个月2 000多元生活费，她就省下自己的生活费去照顾他，每天变着花样给他买各种好吃的。但因为天天往医院跑，回去后也没有消毒，她被传染上了扁平疣，脖子肿得跟"烤猪蹄"一样。

大学三年级暑假，他突然很想挣钱，有个学长给他介绍在一家房地产公司兼职做市场调研。他觉得自己一个人太孤单，就拽着她一起做调研。在"扫楼"的过程中，他们经常会吃到闭门羹，这让他的脾气越来越暴躁，动不动就把自行车往路边上一扔，撂挑子不干了。虽然她的家庭条件比较好，也从来没有受过这样的苦，但是她反而没事儿。每次她都像妈妈对待小孩子一样，在他发怒的时候耐心安抚他。

大学四年级的时候，同学们该考研的去考研，该面试的去面试了。他静不下心考研，但找工作时由于学习成绩不行，又一路碰壁。看着身边的同学一个个找到好工作，曾经无限风光的他成了最不受待见的那一个。她安慰他说，他不是为别人打工的人，他天生是当老总的人，他可以跟她一起回北京，做他喜欢做的策划工作。

她的话让他在黑暗中看到了一丝曙光，他决定跟她一起去北京。

到北京后,在他准备注册公司时,她一下子拿出30万元给他,告诉他这是她的压岁钱,让他拿去创业。看着手里的30万元,他觉得要对她负责,就对她说结婚吧。她听到他要娶她,开心极了,马上跑回家跟她的妈妈说结婚的事。可没想到的是,她的妈妈觉得他不是一个踏踏实实做事情的人,不值得托付终身。她坚定地告诉她的妈妈,除了这个人她不会再嫁给别人了。

她的爸爸很疼爱她,看着她这么坚定就妥协了,对她说了三句话:一是,会把她的生活都安排好,经济上不用有任何后顾之忧;二是,她随时随地可以转身,不要有任何顾虑,不要因为结过婚,离婚了就不行了;三是,慎重考虑要孩子。

她的父母松口后,他很快安排了双方家长一起见面的时间。见面的地点既没有选择在北京,也没有选择在他的老家江苏某个县城,而是选择了一个中间地点。见面时,他的爸妈问她的爸妈需要准备多少彩礼钱,她的妈妈说不讲究这个。她的爸爸很直接地告诉他,家里有多少套房子,并解释这些钱都是要给他们的，不图别的，只要他们平平安安地生活就好。他这时才知道他与她的家境差距有多么悬殊，有多么门不当户不对。这顿饭吃得就像吞了一块沉重的大石头，压在他心口。

他们订了婚，可他觉得自己在她的家人面前始终像个外人。当着他的面，她的妈妈会经常要求跟她单独待一会儿。他开始对这段感情产生徘徊，但是他妈妈要求他非这个女孩不娶。他的爸妈看到她对他细致入微的照顾，不断地给他灌输，这才是应该娶回家的女人。他从小就很听他妈妈的话，孝子的代价让他即使内心再挣扎，也得选择跟她结婚。

他们的婚礼选择在北京举办。他们没有举行任何仪式，两家的亲戚就聚在一起吃了个饭。期间，她的妈妈偷偷溜进卫生间半天没有出来。亲戚们去卫生间找她的妈妈时才发现，她的妈妈正在号啕大哭，看到她的妈妈哭了，她的那些亲戚也跟着一起哭。整个卫生间显得一片狼藉，不知情的人觉得是妈妈舍不得女儿出嫁，但是他心里清楚她妈妈的哭是因为对他和他家庭的不满及无奈。

她妈妈的痛哭把他对婚礼的最后一点憧憬也粉碎了。在北京，他没有给自己的爱人及自己一个想象中的婚礼；回到老家后，因为受地域和资源的限制，老家的婚礼也不是他想要的。所有的事情都进行得那么着急、草率。他心里的郁结越来越深，他开始质疑他选择这段婚姻是否正确，甚至想到，自己决定来北京创业是否正确。

他想不明白这些问题，但是有一点他很清楚，他需要快速在工作上证明自己。只有事业上的成功才能让她的家人真正看得起自己，所以他非常努力地跑业务。可是，他一没有经验，二没有人脉，很难找到客户，费了九牛二虎之力也不挣钱，到最后，养着他的公司和他们夫妻俩的是他岳父和岳母给他们的那些房子的房租。

公司经营了一段时间后，从赔钱慢慢到止损，他看到了希望，可是却怎么也突破不了盈亏平衡点。人在瓶颈期是最压抑的，也最希望竭尽全力地突破它。为了发展公司业务，他花高薪聘请了最优秀的销售员，从经验到"颜值"，从实干到口才，他都要最好的。最后，公司招到的业务员是一个女孩，跟他一样也是一个从江苏的县城来北京打拼的人。

相似的经历让他对这个女孩有了更多的好感。他每天带着她一起到处跑单，参加招投标，大家很有干劲，女孩看着年轻帅气又有上进心的老总，也很是崇拜。可当他每天回到家不得不面对妻子时，他感到无比压抑。逛街的时候，他的眼睛只要在某件物品上停留一小会儿，第二天这件物品就会摆在他的面前，他不想让她看到他的眼神，所以每次出门都会戴一顶鸭舌帽。积压的情绪越来越需要一个出口，而这个出口是在家里百依百顺和体贴入微的她给不了他的。他需要的是一个能够真实对待他的人，而不是刻意保护他、把他时刻当成一个孩子的人。

他和那个女孩一起加班、一起谈判、一起经历失败和成功，他把自己最努力和最真实的一面都呈现给了她，他的开心和不开心也都毫无保留地向她表露，他觉得这才是可以呼吸的生活，有哭有笑。他没有克制住内心的悸动，两个人在一起了。不久，他再一次没有克制住内心的悸动，这个女孩怀孕了。

他觉得要为这个女孩负责,思前想后,他决定办加拿大移民,把他的爱人送出去"蹲移民监"。

人生若只如初见

他讲完了他的故事,告诉我:"这就是你所面对的我,我就是这样的人。你是不是特别瞧不起我?"

我说:"是的,我对你做的事情很不屑。但是我好像跟你急不起来了。"

他说:"那现在这个事你说怎么办呢?"

"我也不知道。"我说,"但我肯定不能帮你,我不想帮。"

"行,我也不勉强你,我既然跟你说了,就不怕你去告诉我爱人。"

"我不会的,我觉得通过我的嘴去告诉她,对她是莫大的伤害。"我说,"您自己处理,我就当不知道。你们俩什么时候自己处理好了,不管是您还是您的爱人。无论谁来打电话告诉我,这个事情办还是不办,我都会遵照去执行。"

他说:"行,那这回我谢谢你。"

我说:"谈不上,谈不上。"

他就说:"行吧,那咱俩就回头再说。"

走的时候,他要跟我握手。我很敷衍地跟他握了手。

他笑了笑,然后就走了。

后来,客户经理打电话问我:"她爱人跟你说了什么呢?"

"没说什么。"我说,"他就说这件事没想清楚,跟我道歉来着。"

在杨柏青走了以后的很多天里,我都缓不过神来。只要一闲下来,我脑子里就会想起他说的事情。但我不知道为什么,开始不那么厌恶他了。不到一个月,杨柏青又给我打电话说:"你们办公室那茶也忒难喝了。来来来,我带你去一个地方,咱俩去喝下午茶。"

我说:"我不跟您喝下午茶。"

"我带着你嫂子一起来,你去吗?"

"合适吗?"

"你不跟我喝下午茶,就还是讨厌我。你看见小郭,还是觉得她好呗。"

"也不是,我现在看见她可能更难受。"

"你太难伺候了,你这人。你说咱俩电话里说还是怎么着?"

"那也不至于。"我说,"这样,第一次见面是您到我们公司,这次要不然咱们去私行。私行有会议室,就在那聊。"

他说:"行。"

挂掉电话后,我就从北京东三环赶到了位于万柳地区的私行,看见他正在跟带他进来的客户经理开玩笑:"这会议室里没有录音吧?"

"您放心,我们连窗户都没有。"客户经理说。

我看着他们笑了笑。会议室的门一关,他就说:"你是不是觉得我做亏心事儿了,所以问人家有没有录音?"

我又笑了笑,没有说话。

"有的时候,有些事情可能就是自己害怕,真把它撕开了,也觉得没什么了,脑子里也就清晰了。"他说,"我没有跟你嫂子说,但是我跟那个女孩说了,我觉得是我对不起人家，但是我跟她了结了。"

我还是没有说话，就一直听着。

他接着说："移民的事情，我也跟你嫂子说了，如果她不想去就算了，但是公司我不想开了。我觉得我更适合去单位里工作。虽然我现在也三十几岁了，但是我觉得没问题，可以重新开始。"

"哦。" 我回了一声。

然后他说："你怎么不说话？你不是挺能说的吗，你这嘴不是挺利索的吗？"

我说："现在是您在说，您在通知我。"

他笑了笑，跟我说："这件事占用了你很多的时间。而且在银行，我不知道我有没有对你造成负面影响，如果有需要我肯定去承认错误。再就是，你们文案也付出了那么多的工作。"

"您是不是就想跟我说退费的事？"我说。

"我恰恰要告诉你的是，我可以接受不退费。"他说。

"不，我们跟银行是有合作约定的。合同上写得也很清楚，如果不是我们的原因，您在递交文件之前决定退费，我们将扣除5 000元。"

"太少了，耽误你这么长的功夫。"

"多与少都不重要，我们都是按合同来执行的。您要觉得扣得少了，您就算是额外给，公司也没有名目收。您现在这会儿也应该挺懂加拿大移民的事情了，回头您要是身边有真正适合加拿大移民的人，推荐给我就行了。"

"你确定？"

"我确定。"

他说："行，这回能好好握个手吗？"

"好。"我就很认真地跟他握了个手。在握手时,我感觉他使了很大的劲。

临走时,他跟我说:"我希望你郭姐平时能够多跟你交流交流,她没有什么朋友。好像她的生活里就只有我、孩子和她的爸爸妈妈,没有别人。如果你有时间的话,我希望你能够跟她聊聊天。"

我说:"我希望您多陪陪她。可以从头开始,多了解了解您的爱人。"

后来,他真的很认真地为我推荐客户。这些客户见到我之后都很爽快,基本什么都不问就直接给钱。我相信杨柏青一定在他们面前说了我很多好话。在这些人里,也再没有出现过想利用"移民监"把自己爱人送出去的人。再之后,我跟他爱人的交集会多一些。现在我都叫她老郭。每次我跟她吃饭,我们都会在同一家饭馆——孔乙己。她虽然是北京姑娘,但她告诉我她最爱吃的还是江浙菜。

04 铁娘子创业在温哥华

站在女人背后的男人

付洁是我的老乡，南京人，于2011年通过技术移民到加拿大。在加拿大，她考了各种执照：会计证、保险经纪证、理财师证，但凡是有可能挣钱的证书全都被她考了一遍。拿到证书后，她发现要想抓到优质客户，首先要抓住他们的钱袋子，所以，她先是给新移民做家庭理财规划，等知道他们有多少钱后就知道该怎么做账，接着为客户合理规划税务。经过几年的努力，她在加拿大成立了自己的理财公司。

我之所以跟她认识，是因为有一个在加拿大的朋友觉得她太不容易了，一个人带着孩子在加拿大创业。这个朋友就告诉我付洁想找新客户，如果我能给她介绍一些客户就帮帮她。我跟她就是通过商业合作认识的。但那个时候付洁不在国内，她的爱人张铁在北京。付洁就和我说她的爱人在北京，他可以给我介绍他们公司的基本情况，我需要什么材料可以去找他。所以，真正和我先见面的是她的爱人。

我和张铁第一次见面是在望京的上岛咖啡。他坐在一个特别阴暗的角落等我，说话的时候我几乎看不清他的脸。让我意外的是，张铁在提到付洁的生意时没有表现出商业合作该有的热情，所以我就很直接地跟他说，是不是不太需要我帮他们找客源，如果不太需要没必要因为朋友的关系浪费他的时间。他告诉我他没有这个意思，最近家里事情有点多，所以可能有点心不在焉，请我见谅。我就对他说没事，他要是累了可以下次再约。他急忙解释他一点也不累。然后，我就提议换到靠窗的座位，因为我快犯困了。

我们坐到新座位后，视线马上就明朗了，我找回了交流的欲望，对他说："您还蛮实在的，不像其他人不想聊了就编一个理由。"

他笑了笑，说："不瞒你说，我爸妈就住这栋楼上。当年，我爱人非得移民加拿大，我就是每年飞一飞，去看看她和孩子。我自己的工作还在国内。"

"我听付姐说了，您已经不工作了。"

"她是这么说的？"

"嗯，您还工作着吗？"

"我们公司裁员，这个月我刚刚离职。"

"您是怎么打算的？"

"先待一段时间，我爸爸瘫痪，家里是需要我照顾的。"

我并不知道他的具体情况，听到他这么说，我的脑子里就冒出很多疑问：为什么他家里是这个情况？难道他们夫妻的感情不好？但我不好意思问，所以都是他在说，我在听。接着他告诉我他的妈妈有轻微的阿尔茨海默病，她会重复地做一件事，就是给他打电话，在电话里她会说同样的事情而且还不一定是真实的事情。虽然分辨不出真假，但以防万一，他不得不常常从单位溜回家。他是公司的中层，销售业绩也不错，可因为考勤总不及格被列入裁员名单。

通过他的话，我能感受到他的压力，我就知道那天不是我们谈合作的好时间。他说到一半，突然反应过来："我跟你说这些做什么，真是不好意思，浪费你这么多时间。"

"这有一点商业措辞，没有刚才可爱了。" 我开了句玩笑。

他笑了笑，然后话锋一转："我爱人这个事，做的还是新移民的生意。如果有去温哥华定居的人，能不能给她推荐下？"

"张哥，我觉得我能做的不是给她推荐新登陆的移民客户，因为我已经离开中介两三年了，而是给她在国内搭平台，让她来做讲座，给那些即将去加拿大的人讲一讲加拿大的税收、教育、福利、房产等，这是我可以帮你们的。"

"行，我明白了，我转告她。"

就这样，我们结束了第一次见面。如果说第一次见面还算聊了一些正经事，那么第二次接触就完全跟生意无关了。第二次接触是在夜晚快到凌晨的时候，我已经睡着了，我的手机突然响了。一看是他的电话，我就觉得这个人肯定拨错了，因为我们俩只见过一次面，他怎么会在半夜三更打电话呢？我就把电话挂掉了。接着他又打了一遍，我就赶紧接了问："张哥，您找我有事？"

一开始没有人说话，然后我听见一个人在哭，能听出来那个声音是他。过了一分多钟，我把电话挂了。我坐在床上一直在想：这是什么情况？但我想来想去，也没有把电话打过去。

等到第二天上午10点多钟，我给他打了个电话，问他半夜打电话是出什么事了吗？一开始，他像丈二和尚一般——摸不着头脑，然后浏览通话记录，他看到给我打过电话后，就急忙道歉。他的解释是头天晚上喝多了，可能碰到了手机，因为我姓蔡，是他通讯录排序中的第一个人，就不小心按错打给我了。我相信他的解释，因为他给我的第一印象是一个老实人。我就告诉他，他要是有什么难事，不一定非得拘泥于我跟他爱人之间的合作，如果他觉得有我能帮忙的地方，可随时给我打电话。他跟我说了好几遍谢谢，又诚恳地道了一次歉，我们就结束了这次通话。

第三次接触是在 2015 年，距我们第一次见面已经过了一年，他已经去加拿大投奔他的爱人了。有一天，我突然收到他打来的电话，他说他刚从温哥华回来，如果我有时间的话，就一起见个面。我们俩又在他父母家楼下的咖啡厅见面了。这次他主动提出坐在窗户那边的座位。我问他在加拿大那边怎么样，他说他还需要一段时间去适应，虽然以前在外资企业工作过，但做的都是对中国人的销售。他语言不行，去了加拿大之后又没有朋友，有点孤独。

我能理解他说的这些，甚至他不说我都能理解。我告诉他很多刚移居加拿大的男人会觉得很落寞，落差很大。

这不是他一个人的感受,而是普遍移居加拿大的男人们都会有的感受。女人先天的适应能力要比男人强,所以很多在国内撑起家里一片天的男人去了加拿大之后都会站在女人身后,因此,男人的心理会有比较大的落差。我问他是不是正在体会这个过程?

他苦笑说是的。他告诉我他正在考房产经纪的执照。他不想给他的爱人打工,想找一个大一点的房产经纪公司打工。我就宽慰他说,其实在任何情况下任何人都无法使他感到压抑,除了他自己。只有当他让自己真正开心起来后,他所有的问题才能得到解决。我不知道他当时听懂了没有,但能够确定的是,我的这番话导致了他接下来的动作。

三口一瓶牛栏山

张铁回到加拿大之后去了一家房产经纪公司工作。因此,之后但凡我有客人想了解加拿大房产,我都会直接联系张铁。本来我觉得这没有什么问题，可是半年后，付洁第一次从电话里"跳"到我面前，她说她已经在北京了，必须要见到我。

我不知道发生了什么，也不想在电话里跟她细聊，就约她在望京的一家烤鸭店见面。我早到了一会儿，在座位上等她。她准时出现在饭馆的走廊，1.55米左右的身高，70多斤的体重，迈着风一样的步伐向我走了过来。她坐下后先跟我讲了她其实是吃素的，接着说，虽然吃素但是不信佛，所以在这家餐馆吃饭没问题。最后她解释了自己为什么吃素，因为她是一个喝水都长胖的人。听着她条理清晰的表达，我心里荡起一个调皮的声音：我爱吃肉，而且怎么吃也不胖。可看着她严肃的样子，我实在没办法用开玩笑的方式跟她说话，只是微笑地点了点头，"嗯啊"了两声，就夹起一块鸭肉放进嘴里。

她说完后，话锋一转告诉我一个完全跟吃不相关的信息："张铁有外遇了，我要跟他离婚。你就不要跟他合作了。"她面无表情且冷静平淡地说出这句话，让我嚼了一半的鸭肉差点从嘴里掉了出来。

我立刻用力咽下嘴里的肉,放下筷子,坐得特别端正,问她:"付姐,您下一步怎么打算?"

"我要离婚,虽然小儿子才两岁,但这不重要。"

"您找我就是这件事,让我不要跟他合作了,是吗?"

"是的。你能做到吗?"

面对她咄咄逼人的语气,我用本能反应回答她:"我做不到。"

她问我:"你为什么做不到?你可是我的朋友介绍给我的,是咱俩先认识的。"

"付姐,那是您的家事,我觉得我跟这事无关。" 我平和地说,"只是从合作上说,我觉得您爱人还是够专业的,对每一个客户也都非常负责,他的口碑很好。从合作上看,他并没有犯任何的错,我刚才回答您是我本能的回答,这会儿说完了后我更坚定了,我做不到。"

"那作为女人,你也觉得他这种行为能理解吗?"

听到她说这话,我有点泄气了,我顿了顿说:"要是作为女人的话,付姐,我妈妈告诉过我一个巴掌拍不响,您有没有想过张哥这么好的一个人,他怎么会出轨?"

"那我就容易吗?我一个人带着孩子在温哥华创业,我把企业做起来,他被辞退了,到温哥华找到了事业的第二春。他都适应过来之后,就背叛我!你觉得他这么做,对得起我吗?"

"他做这个是不对。"我说,"付姐,您知道吗?我第一次见您爱人的时候,他与我约在望京,因为是你们来找我合作,正常来说,你们应该到我的公司去。我从北京东三环赶到望京去找您的爱人,他开始还很努力地向我介绍您在温哥华的业务,后来他就告诉我,为什么让我跑来望京见他,是因为他的父亲、母亲。他跟您说过吗?他的父亲瘫痪,母亲患阿尔茨海默病,他一遍一遍地从公司往父母家跑,在公司考核最严格的那半年,他无数次缺勤。"

付洁没有说话,怔怔地盯着我。

我接着说:"付姐,作为女人来说,我当然理解您了,但是在这个时点上,您非要去争一个结果的话,我觉得都是有前因后果的。作为旁观者来看,我觉得您不容易,他也不容易。移民家庭我见得多了,但是在短短的一两年内,集中爆发老人负担、夫妻矛盾、育儿冲突、就业压力的,你们真的是独一份。我觉得你们两个人能一起扛到现在,出现您刚才跟我说的这件事情,我倒觉得不意外。"

我把我想说的话说完了,付洁眼中噙着的泪水开始往下落,不抽搐,也没有任何声音,眼泪就这样静静地流着。

我一边抽了几张纸巾放在她旁边,一边说:"姐,您不容易,我没想到您今天找我是这个事儿,我也不知道该说什么,但是我把不该说的话和该说的话,反正我脑子里怎么想的都告诉您了。"

她还是没有说话，一直在流泪。本来我们俩面对面坐着，我就走到她旁边抱了抱她。抱着她的时候她纹丝不动，不看我，也不发出任何声音。我看见她落下的眼泪吧嗒吧嗒地掉在银色的餐盘里，每一滴眼泪落下时都折射出一道光，似乎在诠释她的隐忍和承受的委屈有多么的强烈。

我已经不知道说什么了，就静静地看着她，直到她不掉眼泪了，我才说："姐，你给自己一点时间。我还年轻，我没经历过，所以您就听我这么一说。但是像您一样比我大的哥哥姐姐们都告诉我，面对压力跟矛盾的时候，事缓则圆。"

"其实我知道，找你说这个事不合适。但是我这次回来，就想切断他所有的合作关系。" 她说。

"您是恨吧，可能您还是挺爱张哥的，人家都说爱有多深，恨就有多深。" 我觉得她需要发泄一下，就说："咱俩也别吃饭了，您喝酒吗？要不然去个酒吧？"

她拿起纸巾擦了擦脸："别去酒吧了，咱俩就在这儿喝点。"接着她点了一瓶 56 度的牛栏山。

我是从来不喝白酒的,但我一想她都这样了就同意了。酒上桌后,桌子上本来放着一瓶玉米汁,她要求服务员把玉米汁撤了。我赶紧说:"别撤,姐,这个玉米汁我喝。"

她说:"我就不爱看黄色的饮料。"

没办法,我只好让服务员撤了玉米汁,倒了两杯白开水。她倒了两大杯白酒,拿起一杯,一口就干了。我对她说我酒量不行,喝不了这么快。她说没事,她干了,我随意。我闭着眼睛使劲往下灌,嗓子就跟被刀子刺一样。她一口一杯,看得我心惊胆战,心想自己今天一定得送她回家了。喝到第三口时我实在咽不下去了,直接把酒喷了出来,我告诉她我真的喝不了白酒,我咽不下去。她说:"行,那我自己喝。"

她拿起酒瓶,咕咚咕咚把大半瓶酒干了,一抹嘴,开始跟我讲她这些年在加拿大是怎么过的。

从给理财师拉客户做起

她要出国的时候,张铁是特别不理解的。因为她已经是一家外资公司的北京首席代表,年薪并不低,但她当时觉得自己几次从外资公司跳槽,虽然工资越来越高,但是公司的规模却越来越小,外加原来的老东家们也纷纷撤回母国,她就预感到外企在中国的数量未来会出现萎缩,于是毅然决然地选择急流勇退。

2010年,她选择通过技术移民到加拿大。地广人稀的特质导致加拿大最欢迎的一类移民类别是技术移民。顾名思义,所谓的技术就是要有一技之长,但是加拿大每个省对技术移民的要求是不同的。比如,位于内陆的魁北克省,只要会法语就接受移民申请,还有会计、计算机等这些专业的人才也符合不同省份的技术移民政策。

她是一个"学霸",用了不到一年时间就成功申请了技术移民。加拿大有两个华人比较聚集的城市,一个是温哥华,一个是多伦多,多伦多很冷,温哥华四季如春。她从来没想过要找一个舒服的地方待着,她想找一个能让她大有所为的地方。所以,当加拿大的朋友告诉她多伦多的机会更多一些,年轻人更愿意在多伦多打拼时,她毫不犹豫地选择了多伦多。

到了多伦多后,她经历了跟很多移居的人千篇一律的故事,她的同学和朋友们经常分身乏术,什么事都得靠她自己。因为对时间极其苛刻,她只给自己3个月的时间。3个月后能立住脚就留下,干不成就换地。老移民告诉她起步最快的有3个行业:房产经纪、理财规划和留学咨询。她是一个自己没用过的东西就不会去卖的人,所以留学咨询首先被淘汰了。房产经纪是利润最高的行业,但从事这个行业不但要有执照,而且经营的门槛也很高,所以她最先选择的行业是理财规划。

做理财规划师也是需要执照的,不过她可以先通过给理财规划师介绍客人来分佣。她买了一根背带,把不到一周岁的孩子裹在胸前,白天跑客户,晚上回家挑灯夜读备考。在加拿大想找到新移民有三个地方:第一个是电信公司,因为新移民登陆之后，想买当地的电话卡或安装宽带都会去电信公司。第二个是当地针对新移民设立的落地安家服务中心——帮助新移民快速适应当地环境。第三个是在机场拉活的出租车司机。她首先要跟这三个渠道的人弄好关系，他们才能帮她转介绍客人。

她是一个销售能力极强的人，只要是她想搞定的人，基本都能搞定。她在国内做过体育赛事引进。那个时间点在国内做体育赛事引进的机构还很少，行业标准也不清晰。为了把国外的一个赛事弄到国内，她会先罗列一个流程，弄清楚整个流程涉及哪些部门，这些部门如果没有熟人引荐，她都会直接上门拜访。在她脑海里就没有陌生人的概念。打电话、上门，甚至在办事机构大门口拦车，都是她驾轻就熟的工作。所以，她只用了两个月的时间就跟三个渠道的人混熟了。也正是通过跟他们相处，他们都告诉她，其实在加拿大登陆的最有钱的中国人一般都在温哥华，而不是在多伦多。如果是年轻的技术移民基本选择待在多伦多，但如果是有钱人，80%以上去了温哥华。

市场变了,她又毫不犹豫地从多伦多搬到了温哥华。

新移民的钱、税、房

到了温哥华之后,她用自己敏锐的观察力"嗅"有钱人在哪里?她发现了温哥华富人的聚集地在温西地区。可想要融入富人圈层就要落户安家,她没钱买温西地区的豪宅就先租了那里的房子。在温西驻扎后,她没有像在多伦多一样每天累死累活地出门跑客户,而是先在家学习,准备考执照。每天早晨她都会带着孩子出门跑步。她一边跑步一边仔细观察,她要了解西方人的生活方式,因为要自立门户的话,除了执照外,她还要获得当地的人脉。

在温西地区,最高档的小区里住的通常都是律师、官员、医生、商人这一类职业的人。而这些小区为了加强邻里之间的互通有无,每个月会举办联谊会,最放松、最温情的一种联谊会是食物分享会,也就是每家把自己做好的食物带到小区草坪的长条桌上,彼此进行分享。她在北京的时候基本没做过饭，但是在温哥华认真拜师傅学起了中餐。当她端着别致的中餐在分享会上分享时，因为她的食物与众不同，引起了大家的关注，很多人会主动上前跟她交流。在分享会上，她认识了两位对她日后事业起了巨大推动作用的人：一位是移民官；另外一位是温西当地有名的律师。

这两个人的职业都位于国内移民中介公司的上游，移民中介做任何移民项目通常在境外都有一家合作的律师事务所，而律师事务所为了能够提高本所客户的批准率，都会花很多时间跟移民官处好关系。她有了当地的律师和移民官的资源就自然而然拥有了国内中介的渠道，而此时她也已经考下执照，可以独立给客人做理财规划了。

以理财规划为入口，她首先要弄清楚每个客户有多少钱，其次是了解客户的投资偏好。所有的理财产品中，她最愿意卖的是保险。她测算过买同样的保额，加拿大赔付的杠杆能够做到 1:7，国内则是 1:2，最重要的是卖保险可以赚到高额回佣。最后，她会告诉客户加拿大的税收政策是怎样的。国内富裕阶层的移民者最感兴趣的就是如何合理规划税务，所以，做账和税务规划成了她服务的核心板块。

理财规划服务系统搭建后，她的触手并没有停止扩张，接下来就是从钱袋子渗透到客人的家里，她启动了自己的落地安家服务——从下飞机接机到电话卡开卡、安装宽带、开荒保洁，再到开车带客人去看一公里范围内的商圈。她的广告语是作为一个新移民到了温哥华，只要给她打一个电话，她就会给你一个靓丽的新家。她的想法是在服务你的过程中快速了解你所有的需求，接下来想卖你什么东西都是很简单的事。但服务人这事是一个事无巨细的工作，她通常都得24小时在线，所以每天忙得不可开交。

虽然她已经忙得团团转，可是始终心心念念房产经纪这一工作。她之所以还没有涉猎这个行业，除了挤不出时间外，还有一个重要的原因是新移民往往想绕过房产经纪跟房东私下交易，温哥华的房产经纪要面临一个很大的风险就是佣金会被切掉。她觉得如果是只给房产经纪公司提供客源有可能竹篮打水一场空，所以，要做这一行就必须取得独立的经营资质。可是对于她来说，已经无力再准备一场考试了，她就让远在国内的张铁到加拿大跟她一起做。

张铁一下飞机，她就递给了他一张时间表，时间表上很细致地注明了他在什么时间点需要完成什么。张铁果然没有让她失望，只用一次考试就拿到了执照，下一步就是积累经验。她的第二步计划是安排张铁去大型经纪公司打工，学学别人怎么运营。她通过关系把张铁安排到温哥华本土最大的房产经纪公司。为了帮助他完成考核，顺利度过实习期，她把自己的客户全部转介绍给了张铁。她告诉张铁客户帮他找到了，但他要在公司完成她交代的目标——发展新公司的合伙人。张铁开始变得跟她一样，白天工作，晚上应酬，成为一个高速旋转的陀螺。

两个人都越来越忙，两人之间的沟通便越来越少了，她觉得与张铁的婚姻正在变得失控。她想了一个办法，在张铁公司内部发展一个线人，每天跟她汇报张铁的行踪。通过间接控制，她让自己在婚姻关系里获得了安全感和掌控感。可正当她洋洋自得之时，线人给她发来一条信息：张铁和一个女同事去了酒店。

收到线人的消息,一开始她没有慌张,她一个人开车直奔酒店,当房门被推开,看到他们站在她面前的那一刻,她转身就走了。

她没有开车,一路狂跑回家。在奔跑的路上,她的脑海里闪过在大学里她和张铁最初相识的场景。回到家,她看到两个儿子还没睡,她很平静地哄了两个儿子睡觉。孩子睡着不久,张铁也回来了,她看到他也跟什么都没发生一样,独自抱着枕头和被褥去客房睡觉了。

第二天早晨等孩子们都去上学了,张铁问她可以心平气和地聊聊吗?她没有任何回应,摔门就走了。到了公司,她马上订了当天回国的机票,并约好了张铁在国内所有的合作伙伴。

乘坐一趟有风景的列车

她讲完了自己的故事后,对我说:"谢谢你,这要在加拿大，我得付你费用。"

我说："天，朋友陪酒还付费？"

"不是这个意思。" 她说，"这事儿既然你知道了，我尊重你的决定。"

"您什么时候回温哥华？"

"我还得再见几个人。我的时间安排是三天半以后离开。" 说完她就直接站起来，一个人走着回家了。

她回温哥华后，朋友告诉我付洁在办离婚，可是张铁一直不肯在离婚协议书上签字。张铁辞掉了经纪公司的工作，在家里专职做"家庭煮夫"。他跟付洁说，让她暂时离开温哥华一段时间，换一个环境好好地想一想，如果她回来还坚持要离婚，他一定签字。

付洁接受了他的提议，领着两个孩子报了环加拿大游的旅行团，用了20天的时间坐火车游遍了加拿大全境。这短短 20 天的旅行让她到加拿大后第一次停下脚步看周围的风景，两个儿子时常会开心地主动跑过来抱她，并对她说："妈妈，我爱你。"

这时候，她才意识到虽然过往的一切都在拼尽全力，但她的前半生没有风景。旅行回来后，付洁没有再提离婚的事情。半年后，张铁去了付洁的公司上班，通过一年的努力，他们创办了自己的房产经纪公司。

05 最后的遗产

我的舅舅是富豪

在我合作银行的贵宾服务中心里，一个剃着光头，脖子上戴着嵌银菩提子的男人正歪着脑袋斜瞅着我。他叫胡帅，他的舅舅坐拥几十亿元资产，对这个宝贝外甥宠爱有加，除了给车给房外，还要给他办移民。此刻，他把二郎腿跷得高高的，就差像一只骄傲的寄居蟹一样横着走路了。

我问他："您为什么想移民？"

他说："反正也没事做，弄一个玩呗。"

"我得了解一下您的基本情况，您想去哪里？"

"我无所谓。什么地方福利好、教育好,我就去哪里。"

"每个国家/地区对申请者都是有要求的,比如加拿大可能需要在五年时间内住满两年,您能接受吗?"

"那我可不去,我还要在国内生活。"

几句简短的交流后,他一副"我就是爷"的做派让我不舒服,我草草结束了此次咨询。客户经理拽着我一起送他到了停车场,他开着兰博基尼扬长而去。我以为这件事就此翻篇了,谁知两天后他又主动给我打电话问:"那谁那谁,这两天有空吗?"

"您有什么事吗?"

"我带着我爱人跟你聊聊。"

"行,那您到我公司来吧。"

挂了电话没过一会儿,他就带着他爱人嘉慧到了。与胡帅张扬的做派不同，嘉慧显得温和又有礼貌，她一上来就主动告诉我办移民纯粹是为了孩子教育，他俩都没好好念过书，挺后悔的，所以只要对孩子好，她可以去加拿大待两年。

听她这么说我放心了，就直奔主题说："办理投资移民还有一个要求是必须证明申请人是企业高管。"

"我舅舅的公司一年流水十几亿元。"胡帅说，"我在公司有股份。"

我就问他："您在公司负责什么？"

他说："主要是维护客户关系。"

"加拿大对文件的要求比较高。"我说，"如果您只是有股份，不能证明您参与公司管理，这家公司可能作为背景公司并不合适。"

"没事。"他说，"我可以让我舅舅找其他公司。"

果然，三天后他舅舅为他同时找了五家公司，这五家公司都强烈要求做胡帅的背景公司，我就从里面选了一家最适合他的公司。

事情进展得很顺利，我稳步有序地梳理着文件，不到一个月，就准备齐了材料。正当文案工作准备收尾的时候，背景公司开始找各种理由推诿。过了几天，我收到的文件又一张一张被要了回去。我觉得不对劲，就尝试联系其他四家公司，竟然得到的反馈也全部是推诿。正当我纳闷为什么所有背景公司的态度来了180度大转弯时，胡帅的人生也陡然反转了。

舅妈的三板斧

胡帅第一次见我后的第二天，他舅舅把他叫到身边，对他语重心长地说，就算他不为自己考虑也要为他的儿子考虑，让他抓紧时间把移民办了。当他决定移民加拿大后，他舅舅立即赠予他60万美元让他在加拿大买房子，并告诉他等移民办下来再赠予他160万美元，如果去了加拿大觉得好，就用这笔钱再买一套大房子，自己将来找他养老去。胡帅被舅舅的暖心举动感动得说不出话，但没想到自己等不到舅舅找他养老的那一天，那笔60万美元也成了舅舅给他的最后的遗产了。一个月后，他的舅舅抑郁症发作，跳楼自杀了。

舅舅的死对他们这一大家子来说不亚于天崩地裂。他舅舅是家族的顶梁柱，一个人养着两个姐姐全家，除了养家之外，又给每个姐姐各买了4套房子，多年来把家里始终照顾得很周到。可有一件事，他舅舅却办得很含糊：两个姐姐居住的8套房子的房产证上写的不是她们本人的名字，而是他舅舅的名字，也就是说在法律程序上，两个姐姐只有居住权没有所有权。本来一家人在一起其乐融融，谁也没好意思挑明要变更房产证的事情，但是，他舅舅的突然离世让这8套房子也突然成了众矢之的。他的舅妈第一时间就翻脸了，要求所有人在最短时间内搬出她家的房子。

而在公司的股权结构方面，胡帅最终答应了他舅妈，用他舅舅的一套房子作为交换条件签了他自己占股的10%股权的转让协议。他舅妈回收了股权，一周后就把公司卖掉了。

自食其力

没有了舅舅一家的支持，胡帅为了节省开支，辞退了家里的保姆和司机，开始学着自己买菜、做饭。可光是节流还不行，还得开源。胡帅夫妻俩都过惯了锦衣玉食的日子，在面对真正的艰难时，嘉慧表现得比胡帅要强大得多。她对胡帅说："先别着急做事情，先了解一下市场行情，从自己喜欢的事情上下手。"

胡帅就开始思考自己喜欢做点什么，想来想去平时喜欢的无非就是手串、珠子之类的古玩，他觉得可以从这方面入手。一开始他摸不着门道，就在北京城里转悠，在胡同里走街串巷，向前辈取经问道，后来误打误撞地在东五环发现了一个规模不大的经营各种古玩的批发市场。

找到了风水宝地，胡帅就每天泡在里面学习，希望能尽快摸到门路。他三天两头地去市场，跟很多店家自然就混熟了，时间一长也就交到了朋友。一个做根雕生意的福建人（暂且称为"根雕兄"）跟胡帅很聊得来，他了解了胡帅的境况和每天来逛市场的目的后，就跟胡帅说："你也认识一些有钱人，你就帮我卖根雕吧。"

胡帅以前是消费者，买的古玩、器具大多都是用来维护关系的。礼品送上门别人自然是笑脸相迎，可现在他回过头来推销却没有人买账。转了一圈下来，他才真正见识了什么叫"树倒猢狲散，人走就茶凉"。不但他舅舅的老朋友不买账，就是那些过去称兄道弟的好哥们也通通躲着他。

"根雕兄"对他说，客源和货源两头都不占，想要起家是很难的，做生意无非就是把货卖给需要的人，然后从中赚取差价。他已经失去了客源，那么就要争取货源。胡帅好奇地问他，自己该去哪里找货源？他就告诉胡帅，货可以是实物也可以是货币。接着介绍了他自己正在做的小额贷款生意——本钱不大，风险可控，收益不低。如果胡帅有兴趣，也可以投资，年收益 20%。

胡帅听后既心动又担心风险。可是想到自己每天回家除了吃就是睡，也带不回一分钱，虽然嘉慧没有半句抱怨，但他的自尊心却受到了不小的伤害。他急需赚到一笔钱来证明自己。胡帅思前想后，觉得"根雕兄"说得有理，况且他还有店铺，跑了和尚跑不了庙，便决定投资。他跟嘉慧商量说自己要和"根雕兄"合伙做生意，需要钱投资。听到他要创业，嘉慧二话没说，把家里能凑的钱都凑了，拿出了 100 万元给他。

他把钱给了"根雕兄"，开始的三个月"根雕兄"都能如约按息返利，从第四个月开始，"根雕兄"返回利息的日子就没有那么及时了，胡帅心想可能他做生意需要周转资金，晚几天就晚几天，也就没当回事。到了第六个月，胡帅已经两个月没有收到利息了，他直接来到批发市场，可意外的是发现"根雕兄"的店铺大门已被贴上了封条。他赶紧给"根雕兄"打电话，对方手机却欠费停机了。胡帅急了，开始疯狂地搜寻他的踪迹。

可是，他把北京城的犄角旮旯都找遍了也找不到这位"根雕兄"。后来，有人给胡帅出主意，让他想办法找找"根雕兄"以前的客户。胡帅想到了以前经常在他店里见到的一个下游批发商，就找朋友装成买根雕的客人，以谈生意为噱头才得知了"根雕兄"的住址。

那时刚好是寒冬腊月，外面下着大雪，胡帅在一间破旧的民租房里见到了"根雕兄"，胡帅看到他胡子拉碴，穿着单衣，房间里连暖气都没开，冻得手直打哆嗦。他告诉胡帅，他已经山穷水尽了，不是他不想还钱，而是没有能力还，现在就还剩仓库里一些没卖出去的根雕，如果胡帅想要就把它们拉走，要是再晚几天，可能什么都没有了。

胡帅听后破口大骂，后悔自己当初怎么就轻信了他，可看着他凄惨的样子，知道再为难他也没有用了，只好无奈地把根雕带走。100万元的投资变成一堆卖不出去的根雕，胡帅不知道怎么向嘉慧解释。本来心中是忐忑不安的，可是一回到家就绷不住了，就好像小孩子在外面受了委屈突然看见了靠山，又开始撒泼。嘉慧看到他上蹿下跳的样子，没有指责也没有抱怨，而是等着他安静下来，走了过去抱了抱他，对他说了句："既要做自己喜欢的事情，更要脚踏实地。"

妇唱夫随开茶叶店

在古玩市场上，胡帅还认识另一个开茶叶店的朋友，叫大春。胡帅除了喜欢古玩外，还有一个爱好就是喝茶。他本来是想跟大春一起开茶叶店的，但是大春的爱人不同意。一是大春的茶叶店有常年固定的客源，二是他爱人觉得胡帅不是一个脚踏实地做事情的人。大春知道胡帅赔了100万元后，觉得这件事情自己也有责任，如果当时让胡帅入股，也许他就出不了这事了。大春就跟胡帅说，如果他想从事茶叶这一行，可以教他。

大春 20 年来一直专注做茶，而且是中国茶道的讲师，胡帅把大春的情况和嘉慧说了后，嘉慧告诉他，无论他是想自己卖茶还是跟别人合伙，至少自己要懂点茶，而大春正是一个教他如何走进茶世界的老师。可胡帅抱怨说自己耐不下性子，就让嘉慧去学，他在后面坐镇指挥，这样夫唱妇随，干活不累。嘉慧拗不过胡帅，只能拜师献茶，懵懵懂懂地成了大春的弟子。

从每天买菜变成每天上课，嘉慧一如既往地认真，她每天都按时去茶叶店学习。每次胡帅也都跟着去，大春教课的时候他就在一旁偷听，其实认真程度一点也不亚于他的爱人这个正式学员。嘉慧悟性很高，用三个月的时间将茶艺流程、茶叶的品种都了解得差不多了，在大春的细心调教下，基本能做到闻香品茗。大春就跟这个女弟子说她可以出徒了，如果她和胡帅想开店，他可以把自己的茶源按成本价给她们，并且给了两条建议：一是店面不需要太大；二是店铺没必要开在人流量大的繁华地段。因为店的盈利不是靠散客来的,要慢慢做口碑,让熟客带生客。

听了师傅的话,胡帅和嘉慧就在古玩市场租了一个15平方米的小店面。一进门是瓷器的展示台,中间是一张大茶桌,最后面是放茶叶的小库房。嘉慧负责坐在茶台前沏茶,胡帅则坐在库房的角落盯着他的爱人和门口来回走动的人流。

香气四溢的茶香和气质娴雅的茶艺师引得路人频频探头观望,不少男顾客借着好茶为名坐下跟嘉慧搭讪,顺便讨一杯免费的茶喝。面对这样的情况,嘉慧从来不抱怨也不嫌弃,只是安安静静地沏茶,微笑着听这些人有一句没一句地聊着。时间一长,这些蹭茶的客人也不好意思每次都喝免费茶,有时候也会买几包茶叶,遇上节日要送礼时买得就更多了。

茶叶店开了小半年,总算能达到盈亏平衡并且略有微利。让他们意想不到的是,真正实现店铺利润的产品并不是茶叶,而是瓷器。他们开店的位置毕竟是一个古玩市场,来这里逛的人都是想买古玩的，他们不懂古玩营销也不坐地起价，店里销售的同样品质的瓷器竟然是市场中性价比较高的，所以进门喝茶的客人看到这些瓷器后就有了买瓷器的需求。有一天，一位来自外地的女客人在进店挑选瓷器时发出感叹，她在一个高端购物商场看中的一套餐具卖一万多元，材质竟跟他们店里的瓷器一模一样。这句话给了嘉慧灵感，她自己以前买的餐具也有一套几万元的，既然瓷器能卖，为什么餐具不能卖？

她和胡帅商量后，决定去商场买样品，然后找厂家做仿品。景德镇太远，运输成本太高。他们东打听、西转悠，后来在唐山找到一家可以做骨质瓷的厂家。经过咨询，一万元一套的仿品，出厂价才 420 元，而且质量能达到"国标"。他们听后高兴坏了，赶紧敲定打样生产。可当他们第一次走进车间看样品烧制时，就被一股浓烈刺鼻的化学药水味熏得头昏脑涨，呕吐不止。他们问厂家这样的产品真能达到"国标"吗？厂家解释骨质瓷的工艺在生产过程中就是有这么大的异味，但成品绝对是健康无公害的。没有办法，为了赚钱他们只能硬着头皮一次又一次地钻进车间。

来之不易的成品最终被他们带回茶叶店。他们决定不做零售只做批发，定价1 288元。很多顾客看到这么精美的餐具，不断地称赞其价廉又物美，购买者络绎不绝。可是除了他们没有人知道，收款台一笔一笔的收入都是他们带着防毒面具钻进车间用一次又一次地呕吐换来的。

赔了夫人又折兵

茶叶店开了一年，到年底盘点时，单是销售餐具这项，他们就赚了十几万元，加上销售瓷器和茶叶，他们一共赚了20万元。这笔钱虽然在他们过去来说也就能抵上一趟旅行或买一两个包的，可现在不同，毕竟是通过自己的努力赚来的，所以格外欣喜。过年的时候，他们把这个好消息分享给了全家人，长辈们都夸这两口子能干，只有胡帅的表妹胡玲不以为然。

胡玲是做高档汽车销售的，面对哥哥、嫂子这点收入，根本没当回事。年后，她就找到胡帅，告诉他别在"芝麻绿豆大点"的事情上耽误功夫，要做就做点大事。胡帅就问她什么算大事？她说做餐饮呀。说到餐饮，胡帅心动了，因为除了玩手串和喝茶外，他的第三大爱好就是吃。可他马上就犹豫起来，要做餐饮他一没资金二没手艺，胡玲就告诉他钱不是问题，她可以去管她妈要钱，项目也不是问题，她手里有一张四川火锅的配方，是她在成都吃饭的时候从饭馆老板的手里买到的。胡帅听后更心动了，就答应表妹回家和她嫂子商量一下。

嘉慧听了胡帅的想法后，她的意见是开火锅店没有问题，但胡玲不是一个做事情的人，在经营管理方面，她并不在行。胡帅就说他可以和胡玲约定只让她投资但不参与管理，而且说自己在茶叶店也帮不上什么忙，平常多数时间都闲着，现在能够多添补一份家用，他想去折腾折腾。虽然嘉慧还是有点担心，但看到他这么上进也不忍心打击。她就嘱咐胡帅，让他一定要慢一点、稳一点。胡帅听到她松口了，高兴地频频点头。

就这样，胡帅把赚到的 20 万元投资了火锅店。胡玲是大股东，从店铺选址到装修，自然决定权都在她手上。火锅店和茶叶店不同，需要开在人流量大的繁华地段，可她做餐饮的朋友提议选址要节省成本，她就托熟人帮她找了一个居民楼下的铺面。他们没有做餐饮的经验，觉得能省钱当然是好事一件，可他们不知道的是这位朋友从中赚了 10% 的好处费，而且房租也并不便宜。

等意识到被忽悠了时房租已经付出去了，他们就自我安慰酒香不怕巷子深，决定要在营销上狠下功夫，弄创新。结果他们就想出个创意，将火锅和酒吧结合起来，装修成一个酒吧主题的火锅店，每天晚上还要邀请乐队表演，造大声势。

果然，火锅店一开业就引来不少人围观，再加上兄妹俩每天都拉朋友来消费，店里高朋满座，生意红红火火。可一段时间过后，大家开始对这种搞噱头的东西失去了兴趣，顾客花同样的钱可以吃到最好的火锅，或者去更好的酒吧，为什么要持续光顾这家性价比不高的店呢？

花拳绣腿成了不伦不类,即便是又讲交情又打折,也止不住老客户的流失。接着他们想就近取材补充客源,雇了一帮学生派发传单,只要进店充卡立打 7 折。居民楼里的住户收入水平不高,他们手里拿着传单都走到门口了,看到火锅店富丽堂皇的装修和排场后,都望而却步了。

回头客没有,生客也揽不来。胡帅和他的表妹大眼瞪小眼,谁也想不出好办法。为了节省开支,只能减少员工,跟供应商赊账,他们慢慢地集齐了一家餐饮企业倒闭的所有要素。三个月后,胡帅的 20 万元赔光了不说,还欠了供应商一屁股债。他怎么也没有想到,曾经风风火火起步的火锅店还没来得及管理就倒闭了。他更没有想到的是福无双至、祸不单行,正在胡帅忙碌地赔钱时,嘉慧也遭受了一次致命打击。

为了不影响胡帅创业,茶叶店前前后后全部都是由嘉慧一个人忙活。本来辛苦点也没事,可偏偏这个时候她怀孕了。在一次搬瓷器的时候,她不小心滑倒,造成了意外流产。失去宝宝对嘉慧是身心双重打击,很长一段时间她都缓不过来,所以她不得不停业在家休息。茶叶店总关着门,很多老客源就流失了,等到胡帅有精力管理茶叶店的时候,茶叶店周围开了几家类似的竞品店,再想复业为时已晚。最后,他们干脆就把店低价转让了。

一年前还美滋滋地点着钞票的小两口,此时赔了夫人又折兵。胡帅刚从投资的"坑"里爬出来又掉进了创业的"井"里,看着抑郁寡欢的妻子,想到流产的孩子,还有他渴望做成的大事,他瞬间觉得自己一无是处。

百炼成钢

濒临绝境的胡帅又回到古玩市场,大春看到他狼狈的样子也不知道怎么安慰他,唯一能做的就是为他找条生路。大春就对胡帅说,他有个徒弟是跑渠道的,专门帮企业采购礼品。现在有一笔订单没有人接,不知道他有没有兴趣?胡帅一听有钱可赚,瞬间就亢奋了。大春告诉他这钱可不好赚，基本上属于出苦力。采购方要的是 2 万份茶叶和 5 万个香插伴手礼。茶叶都是散的，他需要自己包装；香插都是瓷的，他需要到景德镇盯生产。胡帅没有多想，满口答应一定会做好。

胡帅来到景德镇的时候是冬天。他在北方过惯了有暖气的日子，根本想象不到景德镇的冬天有多冷。他住在 130 元一晚的小旅馆里，睡觉的时候冻得都直打哆嗦，他白天去盯烧窑坐在炉子前取暖，脚肿得跟"酱猪蹄"一样。到了晚上，干了一天活的师傅们会聚在一起喝酒，他也跟着他们一起裹着厚衣服盘腿坐在地上，左手端着酒，右手夹着肉，时间一长，他跟烧窑和雕花的师傅们的关系越来越好，虽然日子过得辛苦，可是货期有了保障。

当他带着 5 万个香插回到北京时，已经错过了春节。搞定了香插，他马上又走进茶海。为了节约成本，茶叶的进货、包装、送货只有他和嘉慧两个人做。他们先从麻袋里抓茶叶，称完了再放在塑料袋里封口，接着叠纸盒把茶叶一袋一袋放进去，最后贴上封条，一盒两袋，每袋 50 克的茶叶才算完成。两个人的四只手每次从麻袋里抽出来都像熊掌一样黑黢黢的，脸上也被抹得黑一道白一道，可偶尔一抬头看到对方的大花脸，都会咯咯笑个不停。

他们紧赶慢赶，终于如约完成交期。胡帅把这些货送到客户的每一家分店。在酷热的天，他一个人装货、卸货、清点，汗流浃背。他推着小推车一趟趟往返于货车和库房之间，挂在脖子上的毛巾轻轻一捏就能滴水。每次点完货，他猛地一起身，腰又酸又胀，眼前直冒金星。等到全部交完货，他身上已经蜕了一层皮。

天下没有白吃的午饭，更没有白付出的辛苦，他的守约得到了下一笔订单。一回生二回熟，生产上从粗放式经营到精耕细作，销售上与渠道通力合作，接待客户时他也把过去学的茶知识全都用上了。在客户眼里，胡帅除了是一个质量稳定的供应商外，也是一个精通茶叶的专家。慢慢地，他形成了自己的品牌。

胡帅没有想到原本绝地求生的事情竟然成了一次机遇，

他更没想到的是自己对事业的全力以赴让嘉慧倍感欣慰，他的成长给了妻子真正意义上的安全感，不久他们就又添了个女儿。

女儿的诞生让这个四口之家其乐融融，事业和家庭的稳定给了胡帅更强大的成长动力。看着两个孩子一天天长大，他再一次想到了半途而废的移民。他找出了舅舅给他的那60万美元的赠予文件。这笔钱在他最困难的时候也没有动过，为的就是等到办移民的这一天。

在某一天下午，我突然接到了胡帅的电话。让我诧异的是他没有再说"那谁那谁"，而是喊出了我的名字。他把我约到家里，他穿着米白色中山装，发型从光头改成了板寸，一只手搂着儿子另一只手抱着女儿，略带羞涩地看着我。

我问他："您为什么还想办移民？"

"我为孩子办。"他说，"我希望我的两个孩子能受到最好的教育。"

我问他:"那您想办哪里?"

他说:"凭我自己的条件,能办哪里就办哪里,不能办就算了。"

我问他:"每个国家／地区对申请者都是有要求的,像美国要求申请者每半年去一次,您能接受吗?"

他说:"能。"

06 拿了美国国籍就回国创业

每天早上李军都会定时来到哈德逊河边散步，看到水中飞起的水鸟，草地上自由奔跑的鹿，他会放慢脚步，在心里反复念叨一句："我只要拿了国籍，一定回国重新再来。"暗暗笃定十几遍后他又调快脚步，迎着朝阳往前走去。每到此时，他觉得自己仿佛又成了一个勇士，可以在生活中披荆斩棘，在创业的惊涛骇浪中乘风破浪。而过去几十年的荣光和悲凉也都会涌上心头，在他脑海里又一一上演了。

农村有志青年

李军出生在北京的农村，家里很穷，常常要靠东借西凑才能勉强度日。尽管日子过得紧，但他的父母依旧履行了生育的使命，产下四个子女，李军排行老大，他的后面是一个弟弟和两个妹妹。李军本以为自己会吃着粗粮穿着开裆裤，每天从村东头跑到村西头，可没想到他姑姑的婚姻不经意间改变了他的命运。

姑姑通过结婚离开了农村，嫁到城里没多久就把李军的奶奶接到了城里，奶奶到城里后不忍心看着孙子在农村受苦，就把李军也接到了城里。血缘的力量阴差阳错地改变了李军的地缘。来到城市后，不但让他脱离了饥一顿饱一顿的日子，而且每次回到村里他都会得到周围人艳羡的目光。他每次回到家，弟弟、妹妹们都会把他团团围住，问他在城里每天都吃什么好吃的？他如数家珍地报出一道道荤菜，馋得他们直流口水。

天下没有白吃的午饭，李军光鲜的背后也有不为人知的辛酸。李军的姑姑是全职太太，全家的吃喝用度全靠他姑父一个人。姑父养着老婆和孩子，还得养着一老一小，偶尔也得接济爱人娘家的亲戚，这使这位城里人心里十分不平衡。他不忍心对爱人翻脸，也不敢对自己的岳母抱怨，就把满腔怒火发泄在了李军身上。

在丰衣足食的裹挟下，李军每天遭受的尽是白眼，寄人篱下的生活让他觉得自己低人一等，这使他比农村的弟弟、妹妹更能体会贫穷意味着什么。他暗暗发誓，长大了一定要赚很多钱，绝不再让人看不起。他把满腔的怒火化作奋斗的志向，拼了命学习，希望有一天能考上大学。

功夫不负有心人，十年寒窗换来了大学的门票。进入大学，他感到很惬意，因为在毕业后包分配工作的年代，一只脚迈进了大学等于一只手端上了饭碗。他每天待在学校的图书馆，三年下来，不但巩固了雄心也丰富了儒雅的气质，为他毕业后的职场生涯做了很好的铺垫。

毕业后，李军被分配到本地的一所中学教书。初入职场的有志青年总是兴奋的，每个月领工资的时候总觉得未来充满着无数的可能性，可他没有意识到的是象牙塔给了他稳定的同时也使他变得封闭。他每天开心地按着计算器打着自己的小算盘，不知不觉中正在偏离梦想的航道。歪打正着的是，在不经意的一瞬间，他的姑父给他上了生动的一课。

在一个周末，回姑姑家的他正好撞见姑父开着一辆出租车回家，姑父从汽车的后备厢里搬出一箱箱烟酒后，拿出一只绿色的小皮箱。皮箱被打开的瞬间让李军激动不已，里面一沓沓的钞票被码得整整齐齐，他目不转睛地盯着几千元钞票，让他从百元的月工资里如梦初醒。

李军从没有见过这么多钱，更没想到开出租车可以赚这么多钱。电视新闻里每天都在播报改革开放的春风已刮遍大江南北，创业的浪潮已席卷沿海内陆，这些遥远的声音第一次以如此现实的方式来到他身边。回到学校后，他再也无法安放自己的内心，"下海"这个时髦词汇开始在他脑海里高频出现。

他把想"下海"的想法告诉了自己的父母，马上迎来巨大的反对声。在他们眼里，放弃编制去选择不确定性无异于把自己推向火坑。但李军心中的欲望已经被点燃了，谁也无法阻止火势的蔓延，顶着一片责骂和吵闹声，李军递交了辞职申请。校领导问他辞职后有什么打算，他的回答是当一名出租车司机。

1991年，李军走出工作了两年的学校，"下海"了。

鸟枪换炮

要想成为一名出租车司机，首先得会开车。李军凑了2 000元报名费去驾校学开车。来到驾校有两件事让他吃惊，一是学开车的人比他想象得要多；二是他在一群人中间发现了一个女学员。20世纪90年代初，能去驾校学车的女性属于凤毛麟角，除了经济条件制约外，还得面对因与众不同受到的指指点点。李军被这个个性独立的女孩吸引了，经过攀谈，李军知道她叫廖红，比自己小4岁。

李军把自己的情况和对她的好感都告诉了廖红：来自

农村，一穷二白，没有工作，连报名费都是借的。他本以为廖红会嫌弃他，可没想到廖红欣赏他敢于追求梦想的勇气，更欣赏他的真诚。相互了解后，两个人情投意合，学车的同时也谈起了恋爱。

他们拿到驾驶证后不久就去登记了，廖红结婚后做的第一件事就是用自己存的钱把李军学车借的钱给还了。学会了开车也娶了老婆，李军的心里幸福满满。可现实马上就对他"骨感"了。李军没有钱买婚房，为了省钱，他在北京八宝山附近租了一间房子。廖红在首都机场附近的一家外企上班，她每天要从北京的最西头穿行到最东头，来回光是骑自行车骑到地铁站都得花费一个半小时。李军看在眼里疼在心里，可他除了没白天没黑夜地拉活外，其他无能为力。

在北京奋斗的青年中，李军绝对是最渴望成功的人之一。他每天兢兢业业，对每个顾客都和颜悦色，既体现了北京人的幽默又不失知识分子的礼貌，可即便服务做得如此到位，赚到手的钱与预期也大相径庭。当他意识到开出租车是一个发财的行当时,几乎全北京的有志青年都觉察到了这一商机,驾校里的学员爆满,街上的出租车一天比一天多,去除出租车的"份子钱"后,赚的钱比在岗职工强不了多少。面对这种情况,李军没有灰头土脸,他觉得这是他自己选的,虽然挣得不多也要把它做好,况且如果没有学车,就不会遇上廖红,娶了老婆他就已经回本了。

乐观的心态没有带来更多的收入,却给了乘客舒心的体验。他有说有笑的服务让他结到了不少善缘。其中一位在报社工作的乘客就非常喜欢李军。他有一次打到李军的车觉得李军人不错就留了联系方式,以后只要外出办事都会约李军的车。时间一长,那人发现李军的知识面很广,聊得多了才知道李军是大学毕业生,过去当过老师。他主动抛出橄榄枝让李军到报社工作,他告诉李军报社刚刚放宽政策,可以卖广告拿提成。

李军听后心动了,他觉得跑业务跟跑出租车差不多,自己有能力做,而且现在这样开出租车累死累活,一年到头也挣不了多少钱,还不如闯一条新路试试。他没有犹豫,一口答应去报社当跑业务的临时工。

在正式入职前,李军跟报社领导提了个要求,他出门跑业务不能空口无凭,得给他一个身份。领导拍着胸脯说,只要能跑来业务,除了编制啥身份都能给。他说他只要记者证和采访证。领导很痛快地给他办了双证。

他一没关系二没背景,想要拉广告,连企业大门都进不去。这两年开出租车他接触了社会上形形色色的人,对人情冷暖是怎么回事看得一清二楚。所以他就想了个办法,先不跟企业老总谈广告的事情,而是先把企业的闪光点放大。他拿着记者证,专挑大型工厂和企业,以采访的名义给老总做专访报道。他诚恳的态度、精致的文笔和免费的报道得到了众多老总的认可。有了信任的基础,李军回过头来再聊广告的事情就水到渠成了。

一年的时间,李军跑遍了北京市几乎所有的大型企业,写了几百篇稿子,跑坏了9双布鞋。到年底时,他拿到了88 000元的广告提成。拿到钱,他第一时间跑回家问廖红想买什么？廖红说她想买家具和家电。李军看着家徒四壁的房子和第一次说出想要什么的妻子，心里十分犹豫。廖红看出他的犹豫，就问他想买什么？李军说他想买一辆车，他想把腿迈得更远，开着车去更远的地方跑企业。廖红没有任何犹豫一口答应就买车。

1994年，李军买了人生中第一辆车，白色的拉达。他提车当天载着廖红绕着北京转了一圈。第二年，李军开着车跑遍了河北、河南、山东这些北京周围的省份。

从单一地区到跨省，李军优化了用写稿当敲门砖的模式。他所在报社属于北京地区，到外省跟当地媒体抢生意是强龙难压地头蛇。再者说，跨省投广告也不符合外省企业主的利益。李军就想出个主意，先通过写稿跟企业主建立关系，接着通过报社发起一个"全国500强企业"的评选活动。

李军的策略是降低门槛，让更多的企业参与评选，考评的标准也不靠单一的销售额或利润率，而是分为经营绩效、管理模式、战略定位、未来前景、社会责任五大板块，评分也分为客观评分和主观评分。唯一的条件是参加评选的企业要缴纳一定的赞助费。

这个活动的举办给外省大中型国有企业"抛了媚眼"，报名的企业趋之若鹜。李军本意只为赚钱的招数不小心一箭三雕：上榜企业的企业主赚到了知名度，报社赚得盆满钵满，他个人整合了全国的人脉资源。还没到年底，李军就把拉达换成了帕萨特。

一盘大棋

"全国 500 强企业"评选活动打开了李军的人脉通道，也让他的才华崭露头角。北京当地的一个乡镇书记看中了李军的能力，对李军说，让他到他们乡镇成立一个招商办，乡政府提供土地资源，他负责招商，招商来的钱，本金归镇政府，利润归他。

尝到成功果实的李军已经不是一个初出茅庐的毛头小子了，而是具备商业嗅觉的掘金者。他敏锐地嗅到了其中的商机。首先，虽然在报社他已经稳稳地站住了脚，可是媒体招商和土地招商比起来是小巫见大巫，他需要用一个更恰当的载体把手头的人脉沉淀下来。其次，在报社他没有编制，领导哪天心情不好了说让他离开，他马上就得卷铺盖卷走人。综合考量后，他在自己声名鹊起时毅然决然地从报社辞职，来到镇政府入驻招商办。

上班第一天，李军把廖红带到单位参观。廖红看着眼前这片荒凉的地方，诧异李军是不是判断失误。李军对她说："在你眼里是贫瘠的土地，在我眼里却遍地是黄金。"

李军这次的策略很简单，不讲故事只讲实惠，他跟乡镇申请了政策，但凡他招商的企业除了以低价出让土地外，还要帮助厂家办理商品房资质。这样一来，双方都得到了实惠，对于投资人来说，不但可以用低价买到开工建厂的土地，在工厂的外围还能扩建一圈门面房。对于乡镇而言，不但发展了工业也带动了商业，更大力度地拉动了当地就业。双方一拍即合,在互利的状态下,李军很轻易地就吸引了一笔 3 000 万元的投资。

按照约定,在不伤害本金的前提下,这笔投资款李军可以自由支配。李军用这笔投资款成立了一个建筑公司,专门承接他招商引资来的建筑工程。从 1995 年到 1999 年,除了还掉 3 000 万元的本金外,他净赚 8 000 万元。2000 年,给他抛出橄榄枝的乡镇书记退休了,李军永远忘不了这位书记的生日——8 月 4 日,除了春节,这个日子他记得最牢。

有了钱的李军不再满足于做一个包工头,他想做甲方,成为一个地产开发商。刚好当年他在报社工作时结识的一个朋友被调到外省一个地级市任市委书记,邀请他去所在城市发展。这位朋友给了他优惠的土地政策——2 万元一亩地。

从招商引资变成被招商引资,李军用 5 年的时间完成了身份转换。他带着廖红去当地做项目考察,到吃中午饭时,4 个人一共点了 11 个菜,花了 100 元。廖红偷偷对李军说，这么穷的地方哪能卖出去房子？可李军在饭桌上跟朋友一口敲定，他决定从北京"撤摊子"来这里开发地产，而且他要做这个城市的地标性住宅——别墅开发。

朋友乐得合不拢嘴，不停地说热烈欢迎，但除了李军外，每个人心里都冒出同一个声音：谁会来这儿买别墅？没有人知道李军心里打得什么主意，连廖红都觉得他昏了头了。而且李军接下来的动作更是让人匪夷所思。

从选地开始，李军没有选择靠近市中心的板块，而是选择靠近邻市的郊区。这种选地策略让当地的同行评论他是个傻子。他们觉得一线城市的别墅区建在郊区是因为市中心没有地段了，而四线城市的中心地段还有没有开发的土地，从土地增值的角度来说，选郊区他就亏了一大笔钱，想把一线城市的套路用在四线城市，只能说明他是一个外行。

李军在房子的设计上更是让同行们笑掉了大牙。李军的做法是力求最好，他带着翻译人员转了欧洲二十几个国家的知名别墅区，从房子外观到内部结构，从园林设计风格到室内装修,他细致入微地学习。回国后,他把欧洲别墅区的精华理念复制到自己开发的别墅中,在每个细节上都力求完美。苛刻的工艺自然增加了房子的成本,李军把赚到的8 000万元全部投了进去,才让几十栋别墅拔地而起。

看着熠熠生辉的地标性建筑,市领导拍手称赞,可同行们在茶余饭后打赌他的房子一套都卖不出去。果不其然,李军不幸被同行言中,开盘三个月,他倾尽全力付出的成果只卖出两套,其中一套客户在付完钱后就后悔了,又跑回来退款。李军手底下的人都慌了,这些人都是他在北京创业时看着他从无到有的人,眼看着老总就要变回穷光蛋了,他们感到压力很大。

李军每天云淡风轻的样子更让他们迷惑不解。李军起了个网名叫"莫愁",他们质问老总钱袋子都空了怎么可以不愁。大家窝在售楼处,死死地盯着大门,焦急地等待着上门的客人。可时间一天天过去,一个客人都没有,到第六个月,账上的钱马上就要付不出工资了,大家开始收拾铺盖卷,准备回家。

从第七个月的第一天开始，奇迹发生了。客人一拨接着一拨上门，售楼处从门可罗雀变成车水马龙，客人带着现款开始抢购。没有人知道发生了什么，还没等销售员介绍完楼盘，客人就要掏钱。只用了不到一个月的时间，房子一套不剩，全部卖出去了。

同行们像丈二和尚一般摸不着头脑，私底下议论着李军耍了什么招数，把房子变成钱。连廖红问李军时，他都只是笑而不语。

当李军第一次来考察时，他开着车从邻市穿过本市时就发现了商机。虽然本市很穷，但是邻市是所在省份的省会城市，也是全省第二富有的城市。从省城的开发区开车到他建的别墅区只需要 20 分钟车程。省城开发区招商的都是大中型企业，这些企业主对企业有责任感，对住宅也有要求，所以，选择居住的地段不会离自己的企业太远，并且要豪华。他正是抓住这个卖点，做出全国数一数二的别墅，别墅数量少，但品质高。他给这些企业主送上的广告语是：公司向东 30 公里，入住全国最好别墅区。

这些企业主只用省城普通住宅的房屋购买价格就可以买到品质高的别墅，这个账谁都算得明白，所以抢购只是时间问题。只是李军没有算计到市场预热的时间量，让资金链虚惊一场。有了第一拨客人打底后，李军马上启动了第二期别墅的开发工程。在第二期的设计版图里，首先，李军在产品上做了迭代，他从第一期别墅里挑出 2 个口碑最好的户型，外加他在全国考察后筛选出 5 个最畅销户型，定位 7 个户型作为全部开发的主体。其次，他建了一个高尔夫球场。

第一期的房子被外地人抢购一空后，本地人意识到了它的价值，看着绿茵茵的高尔夫球场，他们都渴望获得身份的象征。第二期一开盘，本地买得起房的人都跑来抢购，甚至连那些曾笑话他的同行都跑到售楼处来买房。第三期启动后，李军又配套了星级酒店和度假村。到 2007 年，别墅开发已经进行到第四期。他的资产从最初的 8 000 万元增长到 20 亿元，"省十大企业家""本地首富"这些称号纷至沓来。

满头白发

此时的李军在事业上已经达到顶峰,二十年的洗礼也让他从意气风发的农村有志青年变成沉稳老练的中年企业家。事业有所成就后,他开始考虑儿子的前途。他自己是从农村出来的,一路摸爬滚打,尝尽了人生百味,他不想让自己的儿子重新走一遍自己的路,所以他要给儿子的未来多一个选择。这时他决定办移民。

在朋友的推荐下,他选择移民到加拿大。不幸的是他的朋友看不懂财务报表,就把集团公司的财务报告全部提交了,移民官看到申请人拥有这么多资产后,以为是财务造假,就给了拒签了。被拒签的李军觉得很没有面子,不想再在熟人圈里提移民的事情,他就通过银行的客户经理找到了我。通过我,他了解了申请失败的细节,正在他犹豫是否二次提交申请时,突然发生的一件事让他的移民计划暂时搁浅了。

他见完我的 10 天后,准备去看望在新加坡读小学的儿子,在机场过安检的时候却被两个人带走了。这两个人先是确认了他的身份,然后没收了他的手机,接着把他带到了一辆封闭的车上,车开了 7 个小时后才到达目的地。到地方后,李军才知道自己是在配合一桩贪腐案的调查,他所在省份主管地产的副省长被"双规"了,他是案件的牵连者之一。

作为省知名地产企业,李军与主管地产的领导之间的交际自然很深,这也加深了他行贿的嫌疑。调查人员翻阅了李军企业 10 年的账簿后,查明李军和这位副省长的交际费一共为 68 万元,包括但不限于餐费、伴手礼、送的袜子,平均一年 6.8 万元。

在调查结案的过程中,李军一天天熬着,熬得黑发变成白发。2011 年 6 月 1 日,李军顶着满头白发和臃肿的身体走出了禁锢他的大门。此时的李军已经没有精力再经营企业,考虑再三,决定卖掉企业。散伙之前,他把企业的战友约在一起吃了顿饭,在这一年多时间里,企业原先的 1 500 人只剩下 100 人。李军感恩这些人的坚持,决定从卖掉企业的钱里拿出 6 000 万元分给他们。在饭桌上，他们看着一直咧着嘴笑的李军，不知道他们的老总已经没有能力再进行一番完整的结束词。

2018 年 3 月 18 日，以绿卡身份登陆美国 2 个多月的李军在他位于新泽西州的家里突发脑梗，这让他本已脆弱的神经又承受致命的一击。之后他的生活作息被"贴"到了墙上，他家的厨房贴着一张 A3 纸，纸上面写着他一周每天的起居安排：每个时段该吃什么药；每种药的克重是多少；一天三顿主食和两顿副餐的配置……

每天早上，李军会定时来到哈德逊河边散步，7 公里是他每天要完成的一项任务。他有时会加快脚步，在步履加快的过程中他会感受到一丝铿锵有力，似乎找到过去征战沙场的亢奋。虽然这些力量只是墙上贴的纸上安排的既定里程的一部分，跳不出那张 A3 纸锁定的空间，但他心底的欲望之火生生不息。每当朝阳向他迎面袭来时，他都会暗暗说一句："我只要拿了国籍，就回国创业。"

07

漂洋过海的 PKU

什么是 PKU

我和 Jason 是通过一个互联网平台认识的，我是平台上的咨询顾问，他是平台上想要咨询的客户。2016 年 6 月 28 日，我们约在北京朝阳大悦城的一家咖啡馆见面。他刚一进门，我就看到一个浑身充满朝气、活力四射的年轻人向我走来。坐下后，他开门见山地问我关于美国投资移民的情况。我就问他，为什么想咨询美国投资移民？他告诉我，他的情况可能特别一点。我说，他要是不方便也可以不告诉我，但是有可能的话最好告诉我他的目的，这样我才能帮他判断他的选择到底适不适合自己。

"你听说过 PKU 吗？"他问。

"没有听说过。"我说。

"苯丙酮尿症。"

"抱歉,医学上的东西我接触得比较少。"

接着,他跟我解释了什么是PKU。他说PKU患者缺乏代谢氨基酸的能力。平常我们吃的大米、面粉、鸡蛋、肉里面都含有氨基酸,如果代谢不了氨基酸,又吃了这些正常人吃的食物,患者就会影响智力发育,会慢慢变得痴呆。听了他的解释,我似懂非懂地对PKU有了简单的认识。他告诉我这种病不是不可治,治的方法是要靠特殊饮食。

他问我:"你有孩子吗?"

"有。"

"你孩子喝奶吗?"

"当然喝。"

"喝到几岁？"

"6个月以前喝母乳，3岁以前喝婴儿奶粉。"

"母乳里面就含有氨基酸。因为母亲吃的食物是常规的米、面、粮、油。"他又问，"你家孩子喝的奶粉是多少钱一桶？"

"我一般都是从境外代购的加拿大的奶粉，300多元一桶。"

"像这些奶粉都是普通婴儿能喝的奶粉。"他说，"患有PKU的孩子吃不了母乳，只能吃特殊的奶粉。特殊奶粉的价格在800元一桶，而且国内生产特殊奶粉的企业就只有两家。"

他告诉我他的女儿就患有PKU。听到他这么说，我一时不知道该怎样推进接下来的咨询进程。他看得出我的吃惊，就开始讲述他是怎样知道女儿有PKU的。

我的女儿有苯丙酮尿症

Jason 和他的爱人是高中同学,读大学的时候他在天津,他的爱人去了厦门。大学毕业后,他先在天津工作了一年,然后就来到北京创业。他的爱人是厦门大学的研究生,毕业后也来了北京。很巧的是,他们还是双方家长介绍的相亲对象,本来两个人对相亲都有所抵触,但一见面才发现彼此认识。

双方的家境都不错,他俩无忧无虑地在一线城市做着自己喜欢的事情,过着如神仙眷侣般的生活。婚后不久便有了第一个宝宝。他俩是独生子女,觉得从小没有兄弟姐妹陪伴太孤单,为了让宝宝有所陪伴就生了第二个宝宝。没想到的是,他俩的基因里都含有一个缺陷基因,生的宝宝有 25% 的患病率,大女儿是风险的"漏网之鱼",可二女儿就没有那么幸运了。

一线城市的产科医院有新生婴儿筛查机制,新生儿在 7 天内会被抽取足跟血来检验是否患有先天疾病和罕见病。

因为床位紧张，Jason 的二女儿在第 3 天就出了病房。第 15 天，他的爱人抱着孩子去医院抽取了足跟血，检验结果是孩子患有苯丙酮尿症（PKU）。

她问大夫，什么是苯丙酮尿症？听到大夫的解释后，她的双腿就站不住了，一下子坐在了地上号啕大哭。她质问大夫，她和丈夫都很健康，他们的孩子怎么可能会得这种病？大夫的解释是苯丙酮尿症是一种染色体隐性遗传疾病，父母双方都是携带基因的杂合子，两个人都把致病基因传给了孩子，导致孩子发病。父母只是携带者，所以不发病。

她没有力气去理解大夫说的话，拿起手机就给 Jason 打电话。Jason 接电话时正在开车，听到自己宝宝得了苯丙酮尿症，脑子突然变得一片空白，马上就跟前面的车追尾了。他赶紧停下车，没做任何解释就塞给被撞车主 1 000 元，接着回到自己车里放声大哭。

大夫告诉他们，哭解决不了任何问题，现在最重要的是接受现实，苯丙酮尿症不是绝症，只要及时用特殊饮食，跟正常人是一样的。Jason 和他的爱人从精神崩溃中慢慢平复了情绪，开始认真了解苯丙酮尿症，以最快的速度接受了自己孩子得病的现实。

Jason 加入了苯丙酮尿症的病友群，通过病友的分享找到了提供特殊饮食的厂家。他发现所谓的特殊饮食就是蛋白质经过处理的食物。婴儿只能食用低氨基酸的奶粉，稍微长大一点要食用低氨基酸的淀粉、水果和蔬菜。至于肉、蛋、零食这些大部分宝宝钟爱的食物，患有苯丙酮尿症的宝宝都不能食用。这样的特殊饮食要维持终身。

买到第一桶特殊奶粉后，Jason 自己先尝了一口，奶粉的味道就像不放盐的煮白菜水的味道。想到宝宝要一辈子吃这种除了苦涩没有其他味道的食物，他的悲伤又涌上心头。另外，每次他带着孩子去医院做治疗和检查时，都会碰到一些来自三、四线城市带孩子来检查的父母，这些父母除了跟他们一样感到悲痛欲绝外，还要承担高额的特殊饮食成本。一斤普通的米面花费 3 元，而低氨基酸的米面要花费 15 元，也就是说养一个患 PKU 的孩子的开销等于养 5 个普通孩子的开销。这对于很多三、四线城市普通收入的家庭是一笔巨大的负担。

除了经济压力外，还有一些没有经过新生婴儿筛查却已经食用很久常规食物的患 PKU 的孩子，导致了他们终身不可治愈的智力缺陷。对于这样的家庭，这些父母除了要承受巨大的经济压力和心理压力外，还要付出毕生精力照顾孩子。

虽然遭受苦难，但是与大多数患病家庭相比，Jason 感到幸运之神还是偏向他的。从知道孩子得病开始，关于孩子的病情，Jason 和他的爱人一直没有告诉他们的父母。这一年春节，在吃年夜饭时，他们把二女儿的病情告诉了孩子的爷爷、奶奶和姥姥、姥爷，那是他们全家过得最痛苦的一个春节，所有老人都哭了。全家做了一个决定，卖房也要让 Jason 和他的爱人带着孩子移民。Jason 的爱人也决定辞职在家全职照顾孩子。

我听完后，努力保持理性地跟他说："杨先生，我觉得这件事，还没有到怎么办移民的程度。因为你没有去过美国，也不了解美国对于 PKU 这类孩子的福利和医疗条件是什么样的程度。你的目标很明确，你不为自己，而是为孩子的下半生有一个着落，即便你们不在了，没有源源不断的经济来源，让这孩子也能活下去。所以，我先找国外的朋友，帮你有针对性地了解一下 PKU 在当地的治疗和福利体系到底是如何设立的。然后针对福利政策再来确定你的移民目标地是哪里。"

他说："非常感谢你。"

我说："从下一次开始，你不用在平台上付费约我了。咱俩加个微信，你直接找我就行。"

不食人间烟火的孩子

我们结束了第一次见面。在接下来的一个月，我一边开始恶补 PKU 方面的知识，一边联系廖红和付洁，让她们帮我搜集美国和加拿大关于 PKU 患者的医疗和福利政策。通过搜集来的资料，我了解到在国外 PKU 的治疗方法有两种：一种是饮食疗法，还有一种是药物疗法。

饮食疗法的优点是成本低，除了特殊饮食的食物贵一些外，没有其他额外的费用。缺点是食物的丰富性少。在美国和加拿大，有低苯丙氨酸的肉类，甚至还有经过特殊制作的泡芙和巧克力，但是比起正常的食物，它们从丰富性到味道还是差一大截。患者对由饮食获取的满足感大大降低了。

药物疗法的优点是患者吃药之后可以跟正常的孩子一样饮食，但是缺点也很明显，价格非常昂贵。一瓶药里有 30 粒药丸，售价在 8 000 元左右，平均每粒的价格近 300 元。孩子小的时候每天只需要吃半粒，随着年龄和体重的增长，药量应逐步加大，成年之后每天需要几粒到十几粒不等。这对于普通收入的家庭来说是根本消费不起的。

随着对 PKU 越来越深入的了解，我发现这种病并不是一种罕见病。在中国，PKU 的发病率在万分之一，也就是每一万个人里面就有一个 PKU 患者。由于中国的人口基数庞大，约有 12 万个患者，但是已经确诊的病例只有 2 万，有 10 万是隐藏病例——已经出现症状但是不知道患有 PKU。而且患儿分布的地区也不同，比例最高的是甘肃，在那里平均每 2 000 个人里就有一个患儿。出现患儿的家庭，最常见的情况是由于巨大的经济压力，家庭生活品质直线下降，还有很多农村家庭承受不住，出现离婚和抛妻弃子的情况。

因为每个国家的人口基数不同，所以福利政策也不同。在欧洲人口少的国家/地区，治疗和饮食的补助是终身制的。在北美，患儿在 18 岁之前的费用全部纳入医保。由于中国的人口基数大，患者多，而且患儿分布不均匀，每个省的政策也不一样。一些省份在 18 岁之前可以每年按百分比报销医疗费。但对于 Jason 来说，移民或许是一个性价比最高的选择。我带着搜集来的信息，再一次约他见面。

我们不一样

我信心满满地告诉他所有我了解到的情况。他先是对我表达了感谢，感谢我一直在为他的事忙前忙后。但是，我看得出来他脸上的沮丧。我问他为什么看起来心事重重，他告诉了我他最近遇到的一些事情。

病友群里的一个家长与他分享了一段亲身经历。病友的孩子满3周岁，到了上幼儿园的年龄。一开始咨询了几所幼儿园，幼儿园的态度是觉得孩子太危险，不接受入园。还有的幼儿园担心照顾不好孩子，怕担风险和责任，委婉地拒绝了。最后病友托朋友找关系，终于进了一所幼儿园。在入园的第一天，老师就当着所有小朋友的面让其他小朋友不许给病友的孩子任何吃的，并且强调千万不能给她吃的，因为她吃了之后就会变傻。

午饭时间，所有小朋友都吃幼儿园提供的午饭，只有她吃妈妈送来的食物。其他小朋友都是围在一起吃堂食，只有她的座位是孤零零的"VIP专座"。吃完饭后，很多小朋友会把自己从家里带的零食分享给其他小朋友。她不能吃别人的，只能给别人她自己的零食，但尴尬的是她根本就没有零食可吃。

幼儿园出现了这么一个奇怪的同学，放学后小朋友们回到家把奇怪同学的情况说给自己的爸爸、妈妈听。家长听后感到非常诧异，以为这个奇怪的同学得了传染病，他们叮嘱自己的孩子一定要离这个小朋友远一点，千万不能去碰她。

第二天，所有小朋友都开始躲着她。再之后，每到要去幼儿园时她就哇哇大哭，3岁的小朋友表达能力有限，描绘不出其他小朋友为什么不跟她做朋友，但是她的情绪传递出来的是不愿意去上幼儿园。

病友面临这种情况感到非常苦恼也非常无力。他在让孩子退学还是继续去幼儿园之间徘徊。如果让孩子退学，就要自己在家里照看孩子，可抚养成本这么高，双职工家庭有一个辞职还怎么赚到足够的钱？如果不让孩子退学，3

岁的孩子每天遭受周围人的歧视肯定会造成心理创伤。

　　Jason 听完病友的苦水，一边同情病友的遭遇，一边害怕自己的女儿未来也会经历这种情况。有一天，他的妈妈抱着他的女儿在小区的草坪上晒太阳。那片草坪是小区里孩子的集散地，天气好的时候，家长们都会带着自己的宝宝出来遛弯。在孩子扎堆的地方，家长们通常会分享自己孩子爱吃的食物，有些家长出于好心会拿出一些好吃的逗一逗别人家的孩子。Jason 的孩子已经超过 6 个月了，进入了磨牙期，可以吃一些辅食。其他家长看到这么可爱的孩子，就拿出好吃的要给她。孩子的奶奶当场就谢绝了，但是说不出个所以然，只能支支吾吾地说："不用不用，谢谢你，我们不用。"

　　拒绝的次数一多，其他家长就开始说一些闲话。Jason 家里请了保姆，当保姆单独带着孩子出门的时候就开启了"大喇叭"模式，保姆告诉邻居们她照看的这个孩子很特别，家里的饮食可严格了，只能吃单独的食物，吃了别的食物会影响智力发育。虽然保姆说的是实话，但是话到了听者的耳朵里却走了样。再加上总有一些人喜欢添油加醋，把这些话曲解成这个孩子有一种病，这个病是什么说不清楚，但很有可能是传染病。

有一天，奶奶抱着孩子再到草坪上遛弯时，突然发现其他的爷爷、奶奶们离她们有八丈远，孩子们也都不跟自己的孙女玩了。奶奶很敏感地知道了原因，回到家就把保姆辞退了。再之后，Jason下了班带着女儿在小区楼下遛弯，当有人经过他身边时，他都会听到背后传来的议论声："这就是那个有病的孩子。" 听到这些指指点点时，第一次他没有计较，第二次他跟人家吵了一架。

他说他的孩子只有7个半月大，还没有到进幼儿园的年龄，却已经进入了社会。在社会里，孩子自己不会说话，不知道大人其实已经在承担一些无形的压力了。我一边认真地听他说的这些，一边回想起我跟美国的朋友打电话费劲地解释PKU时，朋友听完后说的一句："嗨，不就是PKU嘛，美国宇航员都有。"

我才突然意识到在美国对 PKU 认知的普及程度超乎我的想象。然后，朋友告诉我，PKU 孩子在美国很平常。幼儿园的要求是让 PKU 孩子首先要认知到自己是一个正常人，跟普通人是一样的，而且法律规定，幼儿园里必须要有给 PKU 孩子提供的特饮特食。通过朋友的话，我能感受到一种尊重。

这 50 万美元来不得半点闪失

确定了移民方向后，我先告诉 Jason 美国投资移民的常规风险，然后对他说，为了他这 50 万美元投资款的安全，我可以破例给他推荐朋友的项目。美国投资移民的风险就两个：一个是资金安全，另一个是就业。我以前自己操盘美国项目就是要杜绝这两者的风险。而朋友的思路比我更灵活，他觉得自己做项目太累，让美国人管美国人比较靠谱。他就找了一家美国的基金公司。美国的基金公司由证监会监管，每季度都要公布财报，钱是公开透明的。他把客人的钱投到一家基金里，由这家基金分散投资到各个项目中，依据美国法律，这种投资行为是合法合规的移民类投资。朋友的基金项目已经做到第 9 期了，迄今为止，所有参与投资的客人都拿到了绿卡。

我把朋友推荐给 Jason，他们接触期间，Jason 的同学给他推荐了另一个项目——汉堡王（Burger King）。在我看来，汉堡王是一个高风险项目，我告诉他美国移民的过程相当复杂，把钱投过去拿到的是有条件绿卡。拿到有条件绿卡之后，虽然可以登陆美国，享受美国的一切福利待遇，但是登陆满两年后，如果投资的项目能证明解决了 10 个就业名额并且资金没有抽调，才可以申请拿永久绿卡。如果两年后不能证明就业或者投资的项目垮了，不但 50 万美元拿不回来，自己还得打道回府。美国是一个工业化高度发达的国家，1 000 平方米的快餐店只要 3 个工作人员就够了，几十个投资人投在一家汉堡王里要怎么证明有几百个人就业？没有就业就没有永久绿卡。

对于知名品牌的信心加上因同学之间的信任很容易获

得心理认同，正如我所担心的那样，Jason 最终选择了汉堡王项目。他给我发信息说要投汉堡王的那天，正巧我正在请一个 10 年没见的老同学吃饭。老同学看到我坐立不安的样子问我怎么了，我就告诉老同学我要打一个非常急、非常重要的电话。

我跟 Jason 打了一个小时的电话对他解释汉堡王项目的风险，因为在我的心里，他的 50 万美元来不得半点闪失。但是，他最后对我说他的钱已经投进去了。我听到后，除了祈祷外，已经不知道说什么了。之后很长一段时间，我们都没有联系，有一天他突然告诉我，项目方要求追加投资，他需要再交 30 万元，很多投资人都在想办法退钱。

我们最近一次接触，是我在朋友圈里为一个得白血病的孩子募捐，他看到信息后转账给我 3 000 元。他告诉我："都有孩子，都不容易，我更能理解生病的孩子是什么样的状态。"我没有要他的钱，一直等到转账过期。

虽然我和 Jason 之后很少有交集，但是 PKU 并没有从我的视线中消失。最近这两年，中国患者家长自发成立了"PKU 大爱天使联盟"，发起了互助和公益活动为贫困患者家庭提供帮助，中国也有了自己的低氨基酸食品品牌。但是即便如此，PKU 还远没有引起我们足够的重视，还有 10 万个隐藏病例并不知道自己为何"疯癫"。三、四线城市还没有新生儿抽足跟血的规范；大量的农村家庭因为治疗正在遭受家庭破裂和负债不堪。每次看到与 PKU 这个词相关的信息，我总是会想起 Jason 对我说过的在病友群里病友们每天都会说的一句话："太累了！生活真的是太累了！"

08 穿越一万五千公里的敲门声

都是我的错

随着网络平台上咨询的客人越来越多,有时候我不得不带病上阵。张靖就是我带病提供咨询服务的客人之一。他约我时,我刚好犯了急性咽炎,从嗓子眼一直疼到耳朵根,说话也发不出声音。见面前,我给他发信息问他能不能改时间?他说他比较着急。我就咬了咬牙,在嗓子最疼的那天去复兴门的 Costa 咖啡馆见他了。

做了多年的咨询工作,每一次我都习惯提前 10 分钟到,提前 5 分钟发信息给客人问他们想喝什么,他们到时刚好饮品在桌上,这样一点都不浪费我们交流的时间。有很少的客人会比我早到,张靖就是少有者之一。

他提前给我发信息问我想喝什么,我没有跟他说我生病了,我告诉他我只能喝热水。到了咖啡馆,我看到的是一个身材高大、体格健壮,戴着黑框眼镜,很安静地坐在座位等我的年轻客人。虽然从体形上看得出他有日常健身的习惯,但他仍掩盖不住满脸的憔悴。我坐下后,看到他给我点了一杯热橘子汁,感受到了他的细腻,可尴尬的是我跟他打招呼时话都说不出来。我就告诉他我准备了一些资料,如果我有讲得不到位的地方,他可以参考这些资料。

他说:"真是不好意思,要不然咱们改时间吧。"

"不用了,你不是着急吗,而且我也已经做好准备了。"我说。

针对他有可能涉及的问题,我打印了7页纸,我跟他说我今天是一边划圈一边跟他说,如果我划圈的这些文字里有我认为讲得没到位的,我再跟他细说。他说行。可我能发出的声音太小了,为了能够让他听清楚,我从对面挪到了他旁边坐了下来。他看到我打印了那么多材料,就说:"要不然我先看一下材料吧。"

我说:"别,你先告诉我,你遇到了什么事。"

他跟我说:"这个事,都是我的错。"

接着他从背包里拿出一摞文件,从文件的厚度可以看出他有多么想去美国,并且已经申请了两次,拒签的理由是移民倾向严重。听到他坦言自己做错了,我就告诉他隔行如隔山,只要他没有做假文件,还是有机会的,而且条条大路通罗马。他低下了头,从他脸上呈现的悲伤可看出来,我的话并没有准确描述他想表达的意思。我翻着他递给我的那份材料,心里揣测着他都经历了什么。这时,他开始把他办理移民的经历娓娓道来。

为爱出走,落户美国

他和李雪是在学校社团组织的交谊舞会上认识的。李雪是舞池中闪耀的明星。他是新手,笨手笨脚地跳了一会儿就躲到了旁边。李雪主动走到他身边笑着对他说:"我教你。"就是这样一句话，张靖瞬间被眼前这个女孩吸引了。从陌生到熟悉，从相爱到依恋。张靖认定了李雪就是他这辈子要娶的人。毕业后，他马上把李雪带回家见父母。虽然李雪不是北京户口，而且是单亲家庭，但他的父母还是被这个嘴甜、能吃苦、有眼力见儿的女孩打动了。他们看到儿子这么喜欢这个女孩，就提议他和李雪早日成家。

很快双方父母就见面约定了婚期，一切都进行得顺顺利利。眼看就要到领证的日子了，他父母才想起他们需要去医院做婚前检查。他父母在药监局工作，他们托医院的朋友安排了婚前体检，检查报告出来后他们最先知道了结果。当时，他和李雪正在商场挑选家具，他突然接到父母打来的电话，在电话里他的父亲让他立即回家，而且是一个人。他以为是家里出了什么事，急匆匆地赶到家。没想到他的父亲把李雪的体检报告一下子拍到桌上，问儿子知道不知道李雪有甲肝。他不以为然地告诉父亲他早就知道，在学校的时候，李雪就告诉过他。他的父亲对他不以为然的态度感到极其气愤，认为自己的儿子太愚蠢了，劈头盖脸地把他骂了一顿，并命令他必须跟李雪分手，这事没得商量。

张靖怎么也没有想到父母会对李雪的肝炎有如此大的排斥。如果早知道是这样,他肯定不会傻乎乎地带着李雪去做婚前检查。面对父亲的严令,他最先选择的方式是迎面反抗。他告诉父母绝对不会跟李雪分开。他的父亲粗暴地威胁他,如果不分手就让他滚出这个家,不要再喊他爸爸。接着,张靖开始查资料找专家,甚至求父母的朋友,向自己的父母证明李雪的肝炎绝对不会遗传给后代,但无论他怎么做工作,他的父亲都丝毫不为所动。

他一边承受着来自父母的巨大压力,一边还要在李雪面前装作若无其事,他感到心力交瘁。唯一支持他的是他已婚的哥哥。他的哥哥告诉他遇到一个心爱的人不容易,如果失去了会后悔一辈子,就算再难也得咬着牙坚持。可是,他的哥哥在家里没有话语权,面对父亲强硬的态度,张靖决定搬出去住。

张靖和李雪搬到了朋友租的房子里。离家出走后,张靖的叔叔和阿姨们纷纷倒戈成了他父母的说客,他十分隐秘和小心地应对这些找上门来的诘难。可有一天,他下班后实在太累了，在家接电话时还是不小心被李雪听到了。

　　李雪没有质问他，她选择了沉默。他不知道李雪在知道这一切后心里是何种滋味，他更不知道的是李雪在沉默的背后背负了多大的压力。李雪就在和他同居后不久，便怀孕了。她一开始没有告诉他，是想等到婚礼前夜给他一个惊喜，她到最后都没有告诉他，是认为一个孩子不可能解决所有的问题。她不想放弃他们的感情，又没有办法解决当前的冲突，孩子成了她唯一的念想。她跟她的母亲商量，决定到美国生下孩子。她偷偷办了旅游签证，在登上飞机的那一刻跟张靖提出分手。

艰难创业，买房安家

　　李雪到了纽约后，首先要解决自己的身份问题。她买了一份当地的华商报纸，从报纸上找了一位唐人街夹缝律师。所谓夹缝律师，就是指在简陋的环境下办公的律师，这些人通常具备三个特点：打扮普通，会讲故事，收费低廉。

李雪来到唐人街，按报纸上的地址踏上了只有一人宽的楼梯，敲开门后，她发现一间小屋里有一张桌子，桌子后面坐着一个人，桌子上放着一块牌子，牌子上面写着：××律师。这位律师向她解释，如果她要想在美国留下，就要讲故事获得移民官的同情。他编的故事是这样的：李雪在国内非婚生子不合法，孩子长大了也没有户口上不了学，但是堕胎在她看来是极不人道的，为了能够保护自己的孩子，她只能背井离乡来到美国。她愿意自食其力把自己的孩子抚养长大，让孩子在未来成为一个对社会有用的人。

李雪似懂非懂地听着，她没有其他选择，只能选择相信。她交了5 000美元律师费就回去等消息了。在办理身份这段时间，她也需要赚钱生存。通常情况下，没有身份的人是找不到工作的，美国工会规定实习生的最低工资不能低于时薪15美元，于是唐人街的餐馆为了降低人工成本会请一些没有身份的人。雇佣有身份的人工作一般每小时要给25美元，请没有身份的人工作每小时给10美元就够了。

所以，在等绿卡的那三个月，李雪在唐人街的中餐馆刷了三个月的盘子。

在中餐馆打工时，她跟餐馆里的当地华人混熟了。从他们那里得知餐饮是进入门槛最低的行业，甚至不用场租成本，只要一辆流动车就能卖汉堡包赚钱。李雪很敏感地捕捉到这个信息，恰好此时，她收到了移民局绿卡获批的通知。她马上通过同事介绍的中介申请了流动车的执照。

纽约的流动车几乎被当地墨西哥人垄断，他们卖的都是千篇一律的墨西哥卷饼和热狗。李雪的母亲会做鸡蛋灌饼和千里香馄饨。她利用自己的华人面孔开着流动车到景区专门找来纽约旅行的中国游客。没过多久，在纽约港的自由女神像下面，来吃馄饨的华人就排起了长队。

墨西哥人看到自己的生意被中国人抢走了，立即找到她们母女俩，告诉她们纽约是墨西哥人的地盘，让她们立即离开，并且威胁下次再碰到她们，就直接砸摊。这对母女无依无靠，李雪又挺着大肚子，只能忍气吞声，低价转让了流动车。

失去收入来源,她硬着头皮又回到中餐馆,求老板给她一小块地方让她重新把摊子支起来。餐馆老板知道她走投无路后,就提出三七分账,要抽成70%。李雪为了生存,强忍着答应了。餐馆老板把临街的档口匀出1.5平方米给了她,她做了半年,顺利地生下了儿子,随后决定离开纽约。

她选择的城市是底特律。底特律是美国的汽车城,经济萧条,房价又低,而且跟纽约只有一海之隔,洲际交通往返也很方便。她知道如果待在纽约,她始终是一个"纽漂",只有到底特律,她才能真正买得起房子。

来到底特律,原来的两个人变成三个人,李雪不能再和她的母亲一起去餐馆打工了,她把她的母亲安排在家照看孩子,她去了一家旅行社做"地接"工作。除了工作认真、服务周到外,她大大咧咧的性格也很招客户喜欢。一年后,她就另起炉灶,成立了自己的旅行社。

美国大部分旅行社挣得都是辛苦钱,竞争压力很大,参团的价格相互咬得很紧，一般都是靠在餐馆和景区按人头提成来贴补收入。李雪怎么说也是一个从市场营销专业毕业的研究生，她不想进入这片红海，她想做小型的精品团——单价高、能根据国内客户的需求设计路线，也没有杂七杂八的推销。

生意做起来后，她响应客户要求，在每次结束旅程的当天，都会带客人去高档购物中心买东西。接着她发现了另一个商机——代购。跟其他靠信息不对称赚差价的代购不同，她会把价格标签拍照发给客户，告诉客户她只挣10%的佣金，这换来了客户极大的信任。通过做代购，她也积累了一些人脉，这些人到美国旅游也都会找她的旅行社做"地接"。

她只用了三年时间就在底特律买了房子，在美国有了一个真正的家。可是随着儿子越来越大，儿子经常会问她："爸爸去哪儿了？"

底特律迟到的婚礼

　　面对儿子的问题，李雪每次都会告诉他，他的爸爸在中国。儿子接着又会问："为什么爸爸一直不来看他？"她会说他的爸爸总有一天会来的，但不是现在。她表面上的波澜不惊掩饰不了内心的翻腾，每晚哄孩子睡觉后，她常常一个人端着酒杯，以泪洗面。不再为生存发愁后，她开始有了空闲时间，越闲她就越想张靖。每次听到儿子提到爸爸，她的母亲就跟她说回中国吧。 她心里很矛盾，又想回国又觉得不甘心，郁结积得越来越深，脾气变得越来越暴躁。

　　有一次，李雪去沃尔玛购物，买了几包零食。沃尔玛有两种结账方式：一种是人工；另一种是自助。她站在人工结账柜台那里排队。刚好她身后有个美国人买了满满一购物车的物品，她听见那个美国人说中国人买了这么少的物品应该去自助结账柜台，不应该在这里排队，而且说了一句脏话，她听后暴脾气立刻就起来了。她转过身把毕生所学的脏话用英文陈述了一遍。结果那个美国人立马报警了。

警察来了后,美国人说李雪人身攻击自己。因为她骂人的话里有禁用词。在美国,但凡涉及形象、种族、权利的人身攻击都算作歧视。警察就问李雪有没有人身攻击?她说没有。超市里有监控,而且旁边的人都指证她骂人了。人证物证俱在,李雪就被警察带回警察局去做笔录了。

到了警察局,警察问李雪能不能道歉,只要道歉就可以放她走。她跟警察强调是对方先骂的她,要道歉也应是对方先跟她道歉。警察局里一个华人警察悄悄走到她边上,用汉语对她说要笑着说话,别义愤填膺的,虽然是对方先骂的她,她觉得很委屈,但是在警察局,她应该以温和的态度跟警官交流,而不是让警官感觉她本身就是一个内心充满了愤怒和攻击性的人。后来,李雪就放慢了自己的语速,笑着跟警察说:"警官先生,是她先骂的我,如果她跟我道歉,我也非常愿意跟她道歉。"

与美国人和解后,她跟警察局的缘分并没有结束,很快她就"梅开二度"。某天,她的儿子对马桶里的水突然产生了好奇心,便用手沾了马桶里的清水,左看右看,然后拿舌头舔了舔,品尝了一下。正在她的儿子不屑地断定马桶里的水与茶杯里的水没有区别时,她恰巧路过卫生间,二话没说拎起手里的扫帚就招呼上了。事后,她4岁的儿子立即拿起电话打了911。警察来了后问她有没有持械打孩子,她一开始不承认,这时,她的儿子拎着吉他从房间走了出来,指着扫帚告诉警察,他的妈妈就是用这个玩意打他的。警察验完她儿子身上的伤后,马上就把李雪逮捕了,关了她24个小时。

李雪在美国的这些戏剧性的经历,张靖并不知道。李雪走后,两个人基本中断了联系。张靖每天废寝忘食地工作,因为表现优异受到领导重用,短短5年就被提拔成集团公司的中层。

2016年,张靖受公司委派去美国出差。出发前他把在美国的行程发了朋友圈,恰巧李雪的闺蜜看到他的行程里有底特律,就随口提了一句:"李雪在底特律。"他的首站城市本来是芝加哥,他跟同事们说他有很重要的事情要先去底特律。随后,他用向李雪闺蜜要来的联系方式给李雪打了电话,他告诉她自己在飞往底特律的航班上,他必须得见到她,如果她不见的话,他就去移民局、警察局,甚至是把底特律翻个底朝天也要找到她。

航班准时到达底特律机场,张靖看到出口处,李雪牵着一个小男孩的手在远远看着他。他激动无比又惴惴不安,走到他们跟前。李雪并没有跟他说话,而是先蹲下来跟男孩说:"儿子,这是你爸爸。"

听到妈妈说眼前的这个人是自己的爸爸后,小男孩先呆呆地看了张靖一小会儿,然后问他:"What's your name?(你叫什么名字?)"

张靖还没有来得及回答儿子的问题,情绪就开始崩溃了。他感到头皮发麻,然后漫过全身发麻,两条腿也软了,怎么站也站不住。他慢慢蹲下来,想要抱孩子,但是伸出手后马上又缩了回来,他低下头,把头埋到两腿中间,用手使劲地揪着头发。

看着他痛苦的样子，李雪就说："你别这样，我都过来了。"

他们一家三口在星巴克坐了一下午，李雪特别淡定地告诉了他，出国前已经知道自己怀孕了，并告诉他到了美国是怎么留下来的，这些年自己在美国都经历了哪些事情。张靖头脑发懵地听着，根本吸收不了这么多令人惊骇的信息。他这几年一直在想象与李雪的重逢会是怎样的情景，但是怎么也没想到会以这样的方式相见，而且还多出来一个5岁的儿子。

他的脑袋恍惚着，可有一点他很清醒，就是要马上跟李雪结婚，并且许诺要来美国与他们团聚。他们找了当地的一个教堂，在他的儿子和岳母的见证下，由神父主持了一个简单的婚礼。在婚礼现场，除了孩子与神父外，所有人都喜极而泣。

两次被拒签

虽然舍不得爱人和孩子,但张靖办的是单次商务邀请签证,时间一到就不得不离开美国。回国之后,朋友告诉张靖,如果刚从美国回来,紧接着去申请旅游签证是比较容易通过的,他能够回国就说明没有移民倾向,所以他第一时间去办了旅游签证。可他没有告诉朋友的是他在美国跟一个持有美国绿卡的人领证结婚了。在填写申请表时,他看到有一项是:有没有任何亲属在美国?他如实填写了:有。就在半个月前,这一项他填写的还是:没有。大使馆看到两次间隔的日期如此之近就拒签了,拒签的理由是他有严重的移民倾向。

被拒签后,他开始琢磨怎么才能尽快去美国。李雪给他出了一个主意,她可以去唐人街找曾经给她办绿卡的夹缝律师。于是,她又回到唐人街,花了 5 000 美元让夹缝律师给他编了另一个故事。这个故事是这样的:张靖在国内有一家广告公司,为了拓展美国业务,需要在美国本地设立一家分公司。因为对分公司业务的高度重视,所以总公司决定派高管到美国来管理分公司，这个高管就是张靖。这样，他就可以顺理成章地申请跨国企业高管工作签证了，这个签证最长时效可以续签7年。有了这个签证，他就可以在7年内自由出入美国。因为他和李雪是事实婚姻，他只要顺利到了美国，就可以在当地申请夫妻团聚，这样他就自然而然地拿到了美国绿卡。

有了这个逻辑严谨、思维缜密的故事，李雪对张靖的签证信心满满，可很不幸的是夹缝律师这次失败了。申请跨国企业高管工作签证的企业不仅要在美国境内设有办公室和聘请管理者，而且还要有持续提供商品或服务的经营能力。由于张靖在美国境内还没有设立分公司，夹缝律师就需要做到"三个一"：告诉大使馆一个故事：该申请人想来美国做什么业务；申请一个办公地址；有一笔启动资金。可恰恰就是在有一笔启动资金上面，夹缝律师掉了链子。

夹缝律师由于欠缺财务知识，根本没有看懂张靖公司的财务报表，商业计划书里很多数字对不上，造成商业计划书里面写的初期启动资金是 5 万美元，实际的转款额却是 4.6 万美元。更致命的错误是汇款路径与事实不符。启动资金的汇款路径一定要是从中国境内母公司的账户直接汇款到在美国注册的新公司上。张靖问夹缝律师这笔钱该怎么汇时，夹缝律师跟他说"随便，都行"，称只要是能打到美国境内的开户行就行。张靖想的是换汇和转汇挺麻烦的，为了图省事，他就让朋友在中国香港直接汇 4.6 万美元到美国境内开户行账户上。在 9 个月后，都到 2018 年了，他收到了美国大使馆的拒签信。

再次被拒签后，李雪安慰张靖说没事，换个律师再递申请。这时候张靖意识到事情没有那么简单了，不是说换个律师就没有问题了。他先得知道自己为什么被拒签，然后才能有针对性地做准备，所以他就在网上找到了我。我们见面时是他拿到拒签信的第一个月。

我翻看着拒签信和他所有的文件，听他讲完了自己的故事。张靖愤怒地说："这个律师就跟我说'随便，都行'！"

我觉得他是在生自己的气。我就捏了一下他的胳膊,说:"没事,没事,慢慢来,现在着急也没有用。"

张靖叹了口气,跟我说:"我爱人年轻的时候胆子就很大,觉得一切皆有可能,什么都敢去尝试。她这些年在美国摸爬滚打,我觉得她的胆子更大了,更自由奔放了。但是这件事于我而言,不能再开玩笑了。"

他顿了顿,又说:"你知道我苦在哪里吗?我跟她见面了以后,她又怀孕了。生第一个孩子时我就没赶上,因为签证的问题生第二个孩子,我又赶不上了。我觉得,我这个爸爸当得太不称职了。这是我一辈子的遗憾!"

靠佛罗里达州的高铁项目到不了美国

结束了与张靖的咨询工作后,我马上去找了美国大使馆的朋友,想了解像他这种情况是否可以在国内申请亲属团聚。朋友告诉我李雪拿到的是庇护类签证,在10年内是无法回国的，不能回国就无法采集她的生物信息，张靖在国内的申请文件就不能生效。

正在我想方设法解决张靖的难题时，李雪也没有闲着。她告诉张靖，她又找到了让他来美国的新办法：投资移民。张靖似懂非懂地听了李雪的描述，问我这个方法是否可行。我就告诉他投资移民解决不了他的问题，因为太慢了。2008 年，美国金融危机发生之后，美国政府减少了各个国家 / 地区投资移民的配额。此时排队等配额至少要等 5 年，等到他真正到美国的时候，孩子们都长大了。

张靖听了我的话后信誓旦旦地说不能办投资移民。可半个月后，他突然告诉我他投了一个美国项目——佛罗里达州的高铁。我一听脑袋就大了，因为那是一个高危项目。项目建设周期长不说，沿途很多居民接二连三地抗议示威，不同意落地高铁项目，项目不开工就无法解决就业，没有就业就没有投资人的永久绿卡。

我把佛罗里达州高铁项目的一些资料拿给张靖看，让他一定要争取把这笔钱收回来。后来他去找了中介，但是项目方死活不退钱，告诉他只能等着排期。这个项目是李雪在美国的朋友推荐的，那个朋友告诉李雪在国内投资太贵，因为国内的中介要挣钱，让李雪直接在她这里投。我问张靖投了多少钱，他跟我说 56 万美元。我就知道李雪的朋友从中至少拿了 3 万美元的提成。

后来我们俩又见过好几次面，张靖还是觉得跨国企业高管工作签证最靠谱，可大使馆的审核变得越来越严。从 2009 年开始，很多人为了陪子女去国外读书都被中介忽悠过办这类签证，但是陪读妈妈大多是家庭主妇，没有公司背景。万能的中介就把这些妈妈包装成在某家公司担任高管一年以上。可使馆也不是吃素的，使馆有专门的调查组去现场勘察。调查组的人会拿着申请人的照片给公司前台问认识这个人吗？这个人担任什么职务？一查就发现造假率很高。所以，之后这类签证的过签率很低。

我给他的建议是找纽约顶尖的律师事务所（简称律所）做文件，因为递交的文件首页的左上角会印着为申请人做文件的律所的名字。美国是一个圈层社会,大使馆每天看各种各样的文件,知道哪些出自知名律所。可张靖没有采纳我的建议,还是找了李雪的一个朋友推荐的一位普通律师,花了 1 万美元。2019 年年初,他再次递交了跨国企业高管工作签证的申请,但 2019 年 7 月 6 日,他又一次被拒签了。

再之后,我和张靖就没有见过面了。他和李雪一直在移民的事情上折腾着,李雪的新点子层出不穷,张靖始终照单全收。在张靖办理移民的三年时间里,他的父母一直想去美国看孩子们,但李雪不同意。他的父亲告诉张靖,他到美国当面跟李雪道歉。李雪对张靖说,什么时候他拿到了美国绿卡,才能让爷爷、奶奶见孩子们。张靖有一句话一直很打动我,他说他最敬仰的爸爸让他终生当不了别人的爸爸。现在他有两个孩子,可两个孩子都不叫他爸爸,只会叫他"爹地"。但在他的心里,爸爸所能承载的含义比"爹地"要广泛得多。

09 俄亥俄州麦田里的守望者

什么是终生不得入境

在所有的拒签中,签证欺诈是最严重的一类,我的朋友赵一同就稀里糊涂地经历了一次签证欺诈。2012年,他投资了美国底特律的一家汽车厂。投资款到账后,被投企业给他发了商务邀请函,邀请新任董事长来美国考察,他便在上海提交了签证申请。这是他首次申请美国签证,又因为提交的材料上写着他的出生地是福州,所以大使馆启动了最严格的背景调查程序。

福建省的福州属于签证"重灾区",尤其是福清地区,那里过去有很多人在移民局和大使馆有不良信用记录,所以签证官只要一看到"福州"字样,无论申请人的历史记录里显示去过多少个国家，都会进行最严格的审查。经大使馆调查，赵一同投资的那家企业是一个"空壳"企业，根本不是像材料上显示的那样是一家经营了多年的企业。所以签证官就认定他是欺诈，给了他最高级别的拒签。

当他再一次想去美国的时候，他身边的朋友告诉他换一个签证地就行。于是他就去了广州大使馆第二次递交了签证申请，结果还是被拒签了。

在广州被拒签后他进行了深刻的反思。他觉得总被拒签不只是签证地的问题，还因为自己不够重视，准备工作做得不到家。所以第三次递交申请的时候，他非常认真地准备材料，这次他选择了去北京大使馆。首先他提交了很多资产证明，通常只要提交一套房产证明和 6 个月在 20 万元以上的银行流水就可以了，但他提交了所有房产和 1 000 万元现金的资产证明。

美国司法精神的基石是无罪推定，也就是说，法官即使面对一个十恶不赦的杀人犯，只要还没宣判就要认定被告是无罪的。但美国有一个部门的原则是有罪推定，就是签证。所有坐在窗口前的签证官看到前面的申请人，人山人海的，在他们从业受训时被植入的第一个概念都是，站在眼前的这个人无论是达官显贵还是平头百姓，是要"黑"在美国的。这个人必须举证自己为什么不会"黑"在美国。所以，当赵一同提交了那么多的资产证明后，他是信心满满的。

接下来他要做的是选择一个有眼缘的签证官。大使馆服务台的工作人员为他指定了一个签证官，但他觉得那个签证官不太面善，他便没有听从工作人员的安排。他在大使馆里来回溜达，找了一个面相最和善的签证官，微笑着走到对方面前，恭敬有礼地递交了所有材料。那个签证官敲了几下键盘，把脑袋一歪，斜看了他一眼，一个问题都没有问，直接给他盖了个红章——拒签。

赵一同找到我的时候已经有了三次拒签记录。我去找美国大使馆的朋友了解他这三次拒签的情况，朋友告诉我他签多少次都没有用，签得越多案底越牢，因为他的拒签级别是"终生不得入境"。"终生不得入境"有一条潜规则是，大使馆每隔几年会把申请人的签证记录清零。我就告诉他，他有两个选择：第一个是等到数据清零之后再申请去美国的签证；第二个是想办法向大使馆申诉，证明他不是签证欺诈，而是被底特律那家"空壳"企业给骗了。

他告诉我他等不起。我说那就得准备申诉材料，但是这个过程是相当复杂的。他说要想一想。我看到他左右为难，就逗他说："非要把事业拓展到美利坚合众国吗？"

他很严肃地跟我说："无论折腾多少人，费多少事，花多少钱，我都一定要去美国。"

我问他："到底是为什么？图什么啊？"

他说："我什么也不图，我是为我儿子。"

他的儿子赵爽于 2020 年 5 月研究生毕业，他要去参加儿子的毕业典礼。前面三次拒签让他错过了儿子的高中和大学毕业典礼。他儿子在美国 9 年了，只要能去看儿子一眼，即便只有50%的成功率，他都愿意去尝试。

看到他这么坚定，我就多问了一句："您儿子放假不回国吗？"

一开始他没有说话，先是沉默了一会儿，然后慢慢地告诉了我他儿子的故事。

我不是一个笑话

赵爽出生在爷爷、奶奶家，小时候他的爷爷、奶奶非常宠爱他，随着他长大，他的母亲和他的奶奶因为教育观念不同，产生的分歧越来越大，不久他的母亲就带着他搬出去住了。他的母亲是当地重点小学的知名教师，对儿子的学习自然十分重视。在他读小学时，他的母亲直接找到了他的班主任，让班主任对他严格，严格，再严格。班主任很光荣地完成了他的母亲交代的任务。在一次数学测验中，他因为漏做了一道题，老师直接给了0分。他问老师为什么？老师说因为你是陈老师的儿子。还有一次他在上课时顶撞老师，课后，老师把他拖到走廊，在同学的围观下暴打他一顿，打完后老师义正词严地告诉他，因为你是陈老师的儿子，所以要对你格外严厉。

在他的母亲和老师严苛地督导下，赵爽上小学的六年成绩一直名列前茅。可是升入初一后，情况就没有那么乐观了。他的父亲常年在外做生意，除了重要节日的团聚和寒暑假两次旅行外，他的父亲基本没有参与他儿时的成长，但这不妨碍家境的富裕和成绩的优异带给他一个荣耀的童年。可在他读初一那年，他的父亲做生意被骗，从拥有数千万资产一下子变成负债，不得不辞退家里的保姆和司机，甚至靠变卖房产还债。

跌到谷底的父亲像霜打的茄子一样回归了家庭生活。因为聚少离多，父亲在赵爽的脑海和嘴巴里一直是一个值得炫耀的英雄。可当父亲高大的形象第一次真实走进他的生活时，却是消极的，甚至是颓废的。他的父亲每天睡到中午十二点钟才起床，吃完饭就坐在计算机前玩游戏，一直玩到凌晨才去睡觉。他的父亲每天的生活就是三件事：睡觉、吃饭和玩游戏。当他主动走近父亲时得到的除了冷漠就是抗拒。他开始惧怕跟他的父亲接触，但每天待在家里的父亲就像一股逃不掉的压力让他幼小的心灵感到沉重。

家庭氛围的改变在赵爽心里蒙上了一层阴霾，他开始寻求个人空间，更多地喜欢独处，上课注意力不集中，回到家不写作业，喜欢"泡"在漫画里。有一次他在卫生间准备洗澡，衣服都脱光了可捧着的那本漫画书始终舍不得放下，他就开着洗澡水光着身子趴在马桶盖上看漫画书。哗啦啦的流水声被警惕的母亲发现了，母亲冲进卫生间同时喊来他的父亲，父母两个人配合默契地来了一次"混合双打"。

为了督促他的学习，赵爽的母亲每天晚上在他写作业时都寸步不离，但是被动学习即便让他看起来再努力，也止不住成绩下滑。他的母亲急得脾气暴躁，经常在他做错题或态度不端正时上手就打。有一次她拿起旁边的棍子打他，他下意识地抬起胳膊防御，结果一棍子打下去，他的胳膊被打骨折了。他的母亲反应过来时被吓坏了，赶紧把他送去医院。

事后他的母亲主动向他道歉,并且袒露了家里的拮据。懂事的他从此开始节衣缩食,并发奋努力,拼命补课,希望能为父母送去一份慰藉。在读初三时,他的成绩终于排到了年级前三。

好景不长,赵爽上高一时他的父亲又出事了,他家再一次因为项目失败陷入财务危机。曾经灰色的日子在他心里留下了阴影,紧张和不安又让他出现上课注意力不集中等问题。高中的课业压力已容不得半点松懈,所以他的成绩很快就落了下来。使他更为不安的是他成了同学们眼中"不学习成绩就后退"的典型。当他置身人群中,仿佛周围的人都在对他指指点点。高二上学期,他父亲的朋友推荐了一个教育部公派出国读书的名额。他的父亲征询他的意见,他想都没有想就答应了。他觉得自己的人生已经跌到了低谷,只要有机会逃离,其他任何地方都是天堂。可他万万没想到自己少不更事,不可能知道什么是真正的谷底。当他迈出国门的那一刻,更低的低谷才真正开始出现。

基督教学校里的中国人

赵爽到美国的第一站是俄亥俄州的一个城乡接合部，整个小镇只有一所学校，整所学校只有100人，他是这个小镇上唯一的中国人。

赵爽就读的是一所基督教学校，所有学生都是基督教信徒，《圣经》是必学的课程，大家每天早上都要在教堂进行集体祷告。当一张华人面孔和非宗教信仰的学生出现在这所学校时无疑等于来了一个异类，加上他蹩脚的口语，他跟其他100个同学没有任何媒介成为朋友。美国教育鼓励学生的自主性，学校的老师很少督促课业，更不会有班主任在生活上对学生进行关心。这一切都促使他成了一个"空气人"。

赵爽住的地方离学校需要步行15分钟，他经常在课间休息时跑回家喘口气，逃离那个让他窒息的地方。他所在的寄宿家庭是当地一个普通的白人家庭。单亲妈妈茱莉离婚后带着两个女儿和一个儿子生活，他是这个家庭唯一的寄宿生。寄宿家庭一共有 4 个卧室，只有一个公用卫生间。可是这五口人从来没有出现过争夺卫生间的尴尬场面。茱莉的两个女儿上大学，为了省钱没有选择住校，她俩每天早上 5 点起床，坐一个小时公交车去俄亥俄州立大学上课，每天晚上 11 点回家。她们出门时他还没有起床，她们回家时他已经睡觉了。他和茱莉的儿子虽然在同一所学校上学，但她的儿子回到家就把自己锁在屋子里玩游戏，两年里，他跟她的儿子只说过不到 10 句话。

每年感恩节，茱莉的前夫会邀请茱莉和三个孩子一起去他家过节，茱莉每次去都会带上赵爽。当吃着火鸡、听着欢声笑语、看着大家蹦蹦跳跳时，他才会觉得空气中是有温度的。除此之外，他周围的一切都是冰冷的。

赵爽开始找各种方法排解孤独。他做的第一件事是每天跟他的母亲视频通话。不管是吃饭、睡觉、还是写作业，只要是他母亲醒着的时候，他就会跟她视频通话。第二件事是打篮球。他住的小区里有一个篮球场，他开始一个人去球场打球。虽然他也进了学校篮球队，但因为他不是基督教信徒，教练从来不让他上场，后来他就主动退出了。他一遍一遍地投篮，他没想到这个小镇上居然有一个地方，可以人少到整个篮球场就他一个人。第三件事是他从生活费里挤出 400 美元，买了女歌手坂井泉水所有的单曲。他在往返学校的路上和课间都会戴着耳机听，女歌手高亢的嗓音、昂扬的旋律和带有力量感的歌词激励着他要坚持下去。第四件事是他意外收获的。有一天他回到家，在家门口看见了一只巴掌大的小猫，一看就知道这只小猫刚刚出生不久，而且气息很微弱。他就把小猫抱回家，买了猫粮喂它，他感觉终于有了一个真正的伙伴陪伴他。但是茱莉告诉他社区有规定，一家只能养一只宠物。茱莉家里已经有一只猫了，他在三个月后不得不把他的伙伴送走。

视频、篮球、音乐和猫，成了赵爽在俄亥俄州的陪伴者和激励者。他跟他的父亲说他想回家，但是他的父亲告诉他男子汉必须要学会承受压力，这点苦都受不了将来怎么做大事！所以他只好硬挺着。

赵爽不知道的是，这一切都是他父亲故意安排的。为了让他更快地融入美国社会，他的父亲给他选了一个没有中国人的地方；为了让他有一个安全的学习环境，他的父亲给他找了一个宗教类学校，因为他的父亲认为有宗教信仰的人做不出出格的事。

赵爽在最孤独的时候会来到小镇的边界，这个直径7公里的荒凉小镇边上有一片一望无际的麦田。他会坐在路边待一下午，一直盯着在风中摇曳的麦子，一遍一遍地数有多少根麦穗。当成群结队的麦穗在风中起舞时，他会觉得自己连麦穗都不如，他觉得自己已经被父母彻底遗弃了。

被逼成了"学霸"

在俄亥俄州煎熬了两年后，赵爽终于等到了高中毕业。申请大学的时候赵爽父亲跟他说："你已经在美国待了两年，这事我不帮你，你自己申请。" 他在美国的高考分数只有1 900分，低于平均分300分，只靠这个分数，有很多学校都申请不上。他正准备卷铺盖卷走人时，东北大学（NU）却神奇地给他寄来了录取通知书。

赵爽从俄亥俄州来到波士顿。波士顿是一座学术氛围很浓的城市。大街上有很多戴着头盔、骑着自行车、背着书包穿梭在各个大学的学生。如果你推开很多学校图书馆的后门，看到的就是查尔斯河，河边上有很多座椅，很多学生会坐在遮阳棚下，看着波光粼粼的水面，心无旁骛。

赵爽进入大学的前两年，先上了通识课程，学完通识课程后再选专业。他上大一时，他的父亲对他说："你选什么专业我不管，但一定要选跟经济相关的。"指导老师告诉他，学习经济类的专业最好选择会计学，因为毕业后容易找工作。他对专业本来也没有什么概念，就听了老师的话选择了会计学。

赵爽的大学生活是"三点一线"：教室、篮球场和宿舍。本来大学四年将这样无趣地进行下去，可是在大二上学期，他在球场打球时认识了一个新加坡同学。这个新加坡同学是"社交达人",两个人本来只是单纯的球友,但新加坡同学却在无意中给赵爽打开了社交之门。新加坡同学一有空就带着他跟别的同学待在一起,他被动的性格在一群朋友的围绕下慢慢变得开朗起来。

赵爽读研究生的学校是纽约的福特汉姆大学,他的父亲对他说:"未来金融是趋势,研究生专业要选金融方向。"所以他研究生专业的目标非常明确:量化金融。这个专业的方向是金融与计算机的结合,是很难学的专业,他不得不把自己逼成一个"学霸"。

研三(研究生三年级)假期,赵爽去国内某国有银行的纽约分行的合规部实习,每天"泡"在文件中审核它们是否符合美国当地的法律,在他看来跟文件打交道要比跟人打交道可靠得多。跟他同一个办公室的还有一位大哥,起初他十分不安,不知道该跟这位大哥说什么话、如何相处。可这位大哥特别爱打篮球,每天下了班后,这位大哥主动带着他去球场打球。他跟这位大哥通过打篮球产生了友谊,并且结识了很多不同部门的同事。人际关系的打开和对事务性工作的专注，让他在实习单位找到了存在感和自信心。

恰巧此时，赵爽遇到了一个职场的转折点。银行为了增加与私行客户的黏性，决定举办一场小小银行家的活动。参赛成员大多是私行客人在美国留学的子女。他看到报名通知后有点心动，可马上就退缩了。同屋的大哥给他打气，告诉他不求名次，重在参与，他想了想就报名了。

活动以竞赛的方式进行，分为初赛和决赛。在初赛，银行各个部门的负责人首先会介绍银行每个部门的职能和业务，然后带着学员去与银行合作的美国企业参观学习，最后对每个学员进行考核，考核通过的可以晋级决赛。决赛以分组的形式进行，每个组抽签选定一个题目，然后用情景剧的形式表演出来，最后由评委和学员投票评选出获胜者。

赵爽本来就在银行实习，熟门熟路，所以很顺利地通过了初赛。决赛时，他抽到的题目是：一个靠回收废品起家的集团公司如何做到百年传承？集团公司通过回收废品起家,后来涉猎房地产、保险等行业。现在公司最早的创业团队都已经老了,创始人有5个孩子。传承的方案有两种:一种是拆分了传承,每个孩子选一个行业;另一种是不拆分传承,5个孩子在一起做。二选一,并且阐述理由。

通过初赛,小伙伴们已经知道赵爽是银行的"内部人士",所以共同推选他当组长。他决定支持的方案是:拆分传承。选择拆分传承的理由是,5个孩子可以选择做各自擅长的领域,而且每个孩子都有一份财产,不会打架,这样在资源分配上更有效率。可是当即就有一个小伙伴站出来反对,他的理由是集团公司虽然是多元化经营,但核心资源由高层集中把控,这就可以保证房产的资源给房产板块,回收的资源给回收板块。彼此相互补充、相互扶持。可是一旦拆分,因为人性是复杂的,有的后代为了省事会直接卖掉套现。这样的话多元化板块传承的意义又何在呢?

遭到队友的质疑,赵爽感觉很没有面子,两个人就吵起来了。他俩各自举出例子支持自己的观点,辩论了一下午也没得出结果。晚上他回到家连饭都没有吃,赶紧翻阅资料好在第二天驳倒对方。折腾到半宿,他越来越发现对方的观点是对的,他对此感到很苦恼。如果接受对方的观点,自己作为组长的权威何在?如果不接受对方的观点,自己的内心又很不安。两股力量拉扯着,使他一整宿都没睡。

第二天,赵爽带着两只黑眼圈到了现场,在所有小伙伴到齐后,他开口的第一句话就是:"我放弃我的观点,我们应该统一按照不拆分的方案执行。"

自己的观点得到了认可,对手听到后很开心,其他小伙伴也很开心,因为终于不用看两位队友吵架了。解决了方向问题后,团队的小伙伴齐心协力,认真排练起情景剧。

第三天决赛时,让赵爽出乎意料的是,他的小组获得了冠军,而他同时也获得了个人成绩的第一名。面对这一成绩,他特别惊讶又特别开心。在掌声环绕中,他看到他的领导、同事、组员,还有跟他观点曾有分歧的小伙伴,统统对他竖起了大拇指。他不知道是激动还是感动,在最不真实的真实场景中,他得到了所有人的接纳和称赞。事后，他明白了一个道理：一个合格的领袖不应该固执己见，而应该让大家很舒服地表达自己。

这未必是一件坏事

赵一同和妻子在第一时间知道了儿子的比赛结果。他们相互夸耀着儿子的优秀和当初把他一个人送到国外是无比正确的决定。可当我到美国见到赵爽时，他告诉我的却是另一个版本的故事。

他说如果有机会选择，他希望第一年到美国时能去有中国人的地方。他对我说："阿姨，你知道孤独是什么吗？孤独是在一个完全安静的环境下，什么声音都没有，跟真空一样，在一个方形的封闭的空间里，一个人待着。" 作为一个中学生长期待在这样的空间里是很容易崩溃的，而且很多人会走向极端。他一路走来，看到很多留学生因为脆弱和孤僻用游戏甚至毒品来排解情绪。

他告诉了我关于留学生的几点建议。第一点是中学留学生最好有父母陪读，父母的精神支持是孩子战胜孤独的武器。第二点是除了父母的陪伴外，留学生在外遇到压力时要找有信仰和有力量的媒介排解情绪，这个媒介可以是一个歌星，一本书，或是一只宠物，它们在自己灰暗的日子里能照进光。第三点是慎重交友，尤其是未成年留学生一定要有选择性地交朋友，近朱者赤，近墨者黑，如果不知道该选择什么类型的朋友，那就宁可自己待着。

最后他告诉我，虽然一路走来面临如此多的压力，但如果再选一次，他还是会出国。在美国9年，他觉得自己独立了，也升华了。跟国内的同学交流时，他觉得自己与他们有一个很大的不同，他更具备独立思考的能力，而且也更有担当。通过一个人在外打拼，他更能理解自己的父亲了。一个男人在40多岁的年纪还能够触底反弹，这让他特别钦佩。所以，现在的他在遇到任何事情时，脑子里会习惯性地冒出一句英文："It may be not a bad thing."翻译成中文是：这未必是一件坏事。

10 星空下的追风少年

肄业的小镇青年

美国商业类杰出人才移民是最难申请的。首先，美国不缺乏商业人才；其次，除非是上市企业，有看得到的明码标价，不然很难界定是否是一名杰出人才。在我办理的商业类杰出人才里，大鹏算是很顺利拿到绿卡的。虽然他的条件一般，但是他集齐了办理移民的三个重要条件：天时、地利、人和。

大鹏出生在江苏的一个小县城，他的父亲是当地权威的皮肤科医生，他的母亲是公务员。他的父亲专业能力很强，却不太会维系人际关系，在医院里既没有职务也不受待见。他的母亲是一个生活讲究、打扮精致的女人，出门总是戴着一顶日式礼帽。一个只关注自我世界的男人和一个讲究情趣的女人生活在一起，不可避免地会常常发生摩擦。

他的父亲脾气暴躁，吵起架像狂风暴雨；他的母亲不急不躁，但会冷嘲热讽、含沙射影。大鹏在小学的时候就跟他们说："你们离婚吧。"一直倡议到他们60岁，终于把他们给劝离婚了。

大鹏个子不高，脑袋很大，同学们给他起过的外号有比目鱼，也有外星人ET。因为他长相奇特，经常受周围同学的嘲笑，因此他没有发小，也没有朋友。他的智商测试是148，但是他在高二之前从没有认真学习过，每天就是混日子，唯一的爱好是看各种杂志。到高二时，他决定离开这个家，离开这座小县城，因此要好好学习准备高考。他只用了一年的时间就考上了江苏理工学院。

到了大学，他的脸上长满了青春痘，再加上他性格孤僻，说话比较冲，所以同学们一直排斥他。

在大学里，他做得最多的一件事就是画画。这是受他的父亲的影响。他的父亲能用一支钢笔画出皮肤不同的层次,他从小就觉得这很了不起。他的父亲在画画时很平和,会把他抱在腿上,温和地为他解释每一层的皮肤是怎么画出来的。他自己在画画时也能感受到父亲对他的慈祥。

他整天不务正业的结果就是期末考试时英语连续两次不及格,毕业时没有拿到毕业证。他自我安慰道:"我懒得背,大学那种混日子的课程我根本看不上,有没有毕业证无所谓。"毕业后,虽然他父亲的人脉关系早已帮他铺垫好工作,等着他回家就业,但是他决定去更远的地方,离开江苏,甚至是离开江、浙、沪地区。2003年7月,他收拾好行囊,拎着一只行李箱,买了一张从南京到北京的火车票。

撞见面包缺席的爱情

到了北京后,大鹏用仅有不多的钱租了间地下室。通过招聘网站上的广告,他去了几家公司面试,统统不顺利,他能看上的公司要么嫌弃他没有毕业证，要么认为他没有工作经验难当大任。直到他去一家公关公司面试才有了转机。

这家公司的面试者姓黄，比大鹏大 6 岁，戴着羊毛鸭舌帽、细条黑框眼镜，留着一小撮胡子，身材瘦瘦的，透着一股文艺气息。他跟大鹏遇到的所有面试者不同，没有问大鹏任何专业上的问题，聊得都是诗词歌赋、风花雪月，大鹏还拿出大学画的画给他看。在没有毕业证的情况下，他竟然被这家外企公关公司给破格录用了。

这位面试者毫不掩饰地表达了对大鹏的欣赏和认可，虽然工资只有 1 500 元，但对于大鹏来说，被认可比钱重要得多。从此，大鹏亲切地称他老黄，并在心里认定老黄是他的入门恩师。老黄对大鹏的认可不仅体现在语言上，也体现在了行动上。他知道大鹏一个刚毕业的学生没有什么积蓄，就让大鹏从地下室搬出来住到他家去，也没有要一分钱房租。

在老黄的提携下，大鹏进步很快。加上他自身的努力，才三个月时间他就能帮老黄完成打下手的工作。能力越强，任务就越多，快速进步的结果就是得天天加班。他沉浸在忙碌的工作中，让他没想到的是，他在某天晚上遇到心爱的人。

有一天晚上他正准备加班，突然瞥见媒介组的一位女同事坐在计算机前看《七龙珠》。《七龙珠》是他最喜欢和最熟悉的漫画，他小时候把吃早饭的钱省下来攒着买了全套的漫画书。他很想走过去聊一聊，可他只要一跟女孩子闲聊天就会紧张，只好回到座位上憋着。

到了晚上11点，公司的人都走光了，只剩下他们两个人。他实在忍不住了，鼓起勇气走了过去，先紧张地寒暄了几句，然后就开聊了。他把每个他喜欢的角色说了一遍，絮絮叨叨说了一个多小时。直到说痛快了，他才反应过来问："我是不是太啰嗦了？"

她安静地笑了笑，说没有。

聊天进行到深夜1点才散场，他们约好第二天晚上继续。第二天，话语权反转。女孩跟大鹏聊起了北京的历史文化。从古建筑楼宇到胡同市井,从明清古迹到现代气息,她举重若轻,娓娓道来。大鹏被她的文化底蕴震撼住了,本来以为她只是一名"动漫女",没想到她也是个才女。他沉浸在她身上散发出的魅力中,深深地对她着迷了。

  两个人一唱一和,越走越近。周末一起去逛南锣鼓巷,一起去后海划船。每到一处,她都跟大鹏介绍遇到的这些古建筑的前世今生。大鹏在心里默默记下了她提到的这些,更敏感地捕捉到她提到某些东西时情绪上的满足感,他只要一领到工资就去买那些她不经意提到的内心非常喜欢的东西。他的工资只有1 500元,除去生活费没剩下多少钱,钱不够他就找老黄借,就像小时候不吃早饭攒钱买《七龙珠》一样,他尽其所能、倾其所有,把她喜欢的东西放在她触手可及的地方。

  这样的日子过去了一年多时间,她就把大鹏领回家吃饭了。她父母知道女儿领回来的是男朋友,简单地盘问了几句后,不冷不热地结束了饭局。大鹏走后,她母亲丢给她一句话:"这样的男孩以后就别带回家吃饭了。"

她知道了父母的态度，主动跟大鹏说："我们结婚吧。"大鹏先是吓了一跳，然后乐得合不拢嘴。接着她说他们需要偷偷领证。大鹏问为什么不能正大光明地娶她？她没做解释，强调过程不重要，只要他愿意娶她就行。可是他想不通，较真地一再追问。她只能告诉他，她的父母不同意他们交往，理由是他没车、没房、没户口。

对于大鹏来说，爱情撞上现实就像晴天霹雳，他想去找她的父母解释他有多爱他们的女儿，又将会在事业上多么勤奋，可她父母始终没有给他机会。他觉得很无助，面对触手可及的真爱，他想紧紧抓住，可面对她家人的质疑和否定，他又不能熟视无睹。这时，老黄以一个过来人的身份给了他一句忠告："男人在婚姻这个事情上不要卑微。"

一个月后，他做了一个痛苦的决定，跟她提出了分手。老黄借给他5 000元，让他暂时离开北京，去他曾经想去但一直都没有去过的地方，排解失恋的忧伤。

他坐着绿皮火车穿过山涧林泉，踏过古城乡间，在沙漠留下了脚印，朝拜了圣湖神山。在外面晃荡了两个月后，钱花得差不多了，他又回到了北京。老黄跟他说，人在年轻的时候，要以事业为重，要想成为一名优秀的公关人，一定要在甲方公司历练一下。他听从了老黄的安排，到了一家老黄推荐的大型互联网公司的公关部工作。

在新公司，忙碌的工作暂时掩盖了他失恋的情绪。不久，他就收到了老黄的结婚请柬。老黄找了一个有钱人，他从公司辞了职，每天最主要的工作就是陪着爱人全世界旅行。大鹏在婚礼上看着脸上洋溢着幸福的老黄，想到了老黄对他说的那句话："男人在婚姻这个事情上不要卑微。"成功、婚姻和对等这三个词在他脑海中依次冒出，让他感到既熟悉又迷惑不解。

大海里的一叶扁舟

幸运的是，大鹏在互联网公司的工作顺风顺水。他在专业上是一把好手，但在人际关系上极差。他的直属领导对他很照顾，时时刻刻为他化解因为个性张扬造成的尴尬。三年后，他顺利地成为公关部总监。

2007年，原公关公司的总经理，也就是老黄的前顶头上司刘帆离职，准备创业。他找到大鹏，邀请大鹏成为他的合伙人。大鹏听了后很悸动。首先，他在目前的公司已经成为公关部总监，上升空间不大；其次，刘帆是外企总经理出身，有强大的人脉资源；最后，也是最重要的一点，踏入社会5年，他非常确定自己是一个有社交障碍的人，他需要有一个像大哥一样的角色包容和照顾他，而刘帆就是一位乐善好施的老大哥。

而对于刘帆来说，他也很需要大鹏。他知道自己是一个很传统的公关人，擅长整合媒体资源，可进入互联网2.0时代，传统公关模式捉襟见肘，顺应时代发展的创意公关模式风生水起。如果要开门立户，独当一面，他需要大鹏这样的人为他披荆斩棘。

大鹏很干脆地跟刘帆说，只要新公司能找到第一个月付费客户，有了持续的现金流，他马上辞职跟着刘帆做。在这之前，他先兼职做策划。刘帆也很痛快，给了大鹏40%的股份。三个月后，新公司找到了第一个能够月付费的客户，获得了第一笔年费36万元。大鹏正式辞职，开始"下海"创业。

刘帆是一个注重细节、勤勤恳恳的创始人，为了省钱，他的第一个办公场地租在了中国人民大学附近，没有租在公关行业扎堆的国贸地区。面积200平方米的办公室，刘帆没有请保洁公司，而是找来他的爱人和岳父，三个人兢兢业业地做了三天。

两位创始人加上员工，一共8个人入驻了新办公室。大鹏分到了一间独立的办公室，面积只有5平方米，里面放着一张办公桌、一把椅子和一个沙发。办公桌上除了计算机、文件外，就是矿泉水和零食。饿了就吃，累了就睡。在这个小格子间里，他像在大海里漂流多年，终于发现了自己的一叶扁舟。

刘帆在前台吆喝，大鹏在后台策划，两位创始人优势互补，公司发展很快。公司才运营了一年多时间，就接到了一笔世界500强企业的订单。为了更有针对性地服务客户，大鹏把办公室搬到了甲方公司，每天跟甲方团队同时上下班。可让他没想到的是，他活跃的思维和鲜明的个性撞到了甲方HR的小心脏。

甲方HR玲玲是喜欢读书的女学霸，遇上了不拘一格的大鹏，含蓄的心就再也收不住了。玲玲表达爱情的方式很直接，从早到晚的三顿饭，每天准时送到大鹏面前。她每天送早饭要坐地铁穿越两个城区，得早上5点起床才不会误了打卡的时间。坚持送了一个月后，大鹏实在扛不住了，他告诉玲玲别送饭了，影响不好。

玲玲不但没有听大鹏的话，而且变本加厉；不但坚持送，而且还专职接。因为大鹏经常要跟客户交流到很晚，有时又免不了应酬，玲玲就贷款买了一辆车，做起了他的专职司机。无论他应酬到几点，她都安静地守在外面。

他终于被玲玲感动了。多年漂泊在外,生活里突然出现了这样一个姑娘,什么都不图,只是一门心思对他好,这种安全感他从小到大都没有过,他被一股浓烈的温暖又一次拽进了爱河。

玲玲也是北京人,而且家庭条件比他的前女朋友更好。他见玲玲的父母时,胆怯地一上来就说:"叔叔、阿姨,我没有房,我也没有车,我更没有北京户口,我什么都没有。"她父亲听完后笑得前仰后合,她母亲对他说:"你一个人在北京不容易。我们家有两套房,有一套离你上班的地方近些,你和玲玲可以搬过去。玲玲不太会做饭,你们想吃家里的饭了,可以回我们这里吃饭。"

听了她母亲的话后,大鹏感动得眼泪在眼眶里打转。玲玲人好,家庭好,对他更好,各种条件都近乎完美,即便没有太多共同语言,能遇上这样一个姑娘,能遇上这样一家人,都是他的福气。

两个月后,他没有纠结,也没有犹豫,打电话告诉他的母亲他要结婚了,让她把户口本给他寄过去。拿到户口本后,他第一时间和玲玲直奔民政局。没办婚礼,没度蜜月,只花了9元钱,两个人就横冲直撞地"闯"进了婚姻。

和平分家

结婚后,在玲玲的细心呵护下,大鹏全身心投入工作。创业三年,公司从8个人增加到58个人,从200平方米的小办公室搬到了1 000平方米的大办公区。他和刘帆作为公关行业的新锐,受到各种媒体采访,流露出的手足情深成了公关圈的一段佳话。可外人的拍手称道掩盖不了内部暗流涌动的危机。大鹏和刘帆虽然能力互补,价值观却不同。在公司初创期,他们跌跌撞撞小有争执,但不会触碰彼此的底线,可越过了生存线,潜伏在心底的矛盾开始显露了。

事件的导火索来自一次公司分红。大鹏虽然结了婚,但漂泊的生活始终让他缺乏安全感,当他攒够了首付款,第一时间在北京买了一套 170 平方米的大房子。房贷的压力说大不大,说小不小,毕竟自己是老总,不需要节衣缩食,精打算盘,遇上好收成很快就能还上贷款。

2010 年,公司的订单量和利润都达到历史峰值,大鹏算了算自己的年终分红至少能分到 100 万元。可到了年底,他实际分到手的只有 18 万元。他问刘帆为什么自己只分到这么点钱?刘帆告诉大鹏,他也只分到 20 多万元。他对大鹏解释:"当初我们租的房子才多大面积,你看我们现在租了整整一层。人家房租也会涨啊,这些全都是成本,不能说现在公司账户上有三五百万元,我就都拿出来分了。"

大鹏质疑说:"为什么公司的生意一年比一年好,可我挣得钱一年比一年少?"

刘帆说:"财务报表都在那,你随时可以去审查。"

面对刘帆的回复他哑口无言,财务报表虽然数字清晰,但对他来说是两眼一抹黑。他是一个对数字极其不敏感的人，他最讨厌看的就是数据和报表。可他心里认定的事实是公司订单越来越多，公司收入也越来越高，自己的分红怎么可能越来越少。

心里的质疑消减了工作的激情，他开始三天打鱼、两天晒网，除了隔三岔五到公司外，经常一请假就是一两个星期。有一天，刘帆约了大鹏要好好聊聊。两个人见面后，刘帆开门见山地说，手底下的员工抱怨大鹏把他们不当人，动不动就把他们骂得狗血淋头，小伙伴们颇有微词，甚至有骨干员工因此想离职，希望大鹏慎重反省自己的言行，如果考虑分家，也未尝不可接受。

大鹏知道自己脾气很坏，但一直以来都是这样的，为什么以前不是问题现在就成了他可能出局的原因？接着，刘帆拿出三样东西：一是客户名单，二是员工名单，三是财务账单。刘帆告诉大鹏，首先，客户已经分好类了，虽是一起打下的江山，但也是他邀请大鹏来打的江山，大鹏可以挑选客户继续服务，前提是客户愿意。其次，员工他可以挑，只要愿意跟着他的都可以带走。最后，刘帆表示了对他的仗义，告诉他可以先共用一个办公区，什么时候手头有钱了再出去另起炉灶。

大鹏本来还想说点什么，但看了一眼账单上他能拿到手的分家费只有 15 万元，已经凉了半截的心彻底凉透了。他接受了刘帆的提议，同意分家。

表面上虽然是和平分家，但实际上两个人心里都不痛快。刘帆觉得自己对得起大鹏，几年合作下来，充分包容了大鹏的各种情绪和小脾气，分家时也分给了他客户、团队，还分给了他办公面积。大鹏却觉得自己被耍了。可让他想不明白的是，过去那个包容爱护他的老大哥怎么会这样对他？

原来是当他跟客户的关系越来越近，客户只想约他吃饭时，造成了他和刘帆的分道扬镳。刘帆觉得自己在公司里越来越没有存在感，以前是大鹏负责创意，他负责市场，现在变成大鹏负责创意和市场，他管账和管团队，其实从旁观者角度来看，这是顺应业务发展需要的合理分工，即便跟当初的设想不一致，但如果彼此目标一致、相互尊重、此消彼长，也许就是另一段佳话。可惜的是，大鹏向来外露，刘帆一直心重，最终让两人之间的鸿沟越来越深。

跟刘帆谈完后，大鹏约了知心的朋友去吃饭。他一杯一杯喝着白酒，眼泪从眼眶里流出。朋友问他怎么了？他没做任何解释，只说了一句："刘帆不要我了。"

平地响起一声雷

在没有跟员工谈话之前，对于能有几个人跟着自己走，大鹏是没有信心的。他觉得自己平时对员工的态度那么恶劣，肯定把人都得罪光了。思来想去，最差的结果就是自己卷铺盖卷回甲方公司打工，便硬着头皮给大家群发了一封邮件。不出意外的是，58个人中只有8个人愿意跟着他做。可意外的是，这8个人恰恰是他认为公司里面最好的几名员工。

有 8 个小伙伴愿意追随，这给了大鹏莫大的鼓励，他决定要好好做，不辜负他们对他的信任。他首先找到自己分到的每一个客人，对他们说他跟刘帆已经分家了，如果他们不愿意他为他们服务，可以选择刘帆。然后，他跟刘帆说他不共用办公室了，他要搬出去。

他搬到了更好的办公地段，花了所有积蓄租了一个 300 平方米的办公室。有人、有地盘了，只差客户了。这是他真正犯难的，一直站在背后做创意的他并不擅长觥筹交错，饭桌上谈买卖的方式他搞不定。而此时，他却急需一个新订单来稳定军心。

焦虑的大鹏碰上了同样惆怅的赵总。赵总是国内一家口罩工厂的创始人，拥有自主专利，但对于做市场却一窍不通，工厂开了几年不温不火，他想着转过年若再没有起色就关门大吉，回实验室做研究去。经朋友介绍，赵总知道了大鹏是做市场的高手，他就抱着死马当活马医的心态登门拜访。

大鹏告诉赵总，如果想让口罩在市场上有平地一声雷的效果，就不能走爆米花广告加代理分销的老套路，一定要讲好一个故事，给市场传递一种理念，让用户相信它，引起用户主动购买。赵总听后觉得与大鹏相见恨晚，马上一拍即合。他给了大鹏充分的信任和自由来讲故事。

有了甲方的授权，大鹏心里有底了。他首先要选定一个场景，让受众产生共鸣。有一天，他开车经过天安门，看着一排排执勤的武警，灵感来了。他找到赵总，让赵总出面以厂家的名义捐赠给长安街沿线武警一年的口罩。赵总听后觉得这个创意好极了，马上统统照办。

万事俱备，只欠东风。大鹏每天盯着天气预报，终于等到北京雾霾最严重的一天。当天，他写了一篇关于环保的文章，在文章中，他凸显了在恶劣天气下长安街武警的敬业精神。文章一经推送，就获得了多家媒体和政府网站的转发。在媒体的烘托下，雾霾治理一下子成了一个有热度的议题。但媒体没有想到的是，用户的视线却聚焦在口罩的质量上——长时间且雷打不动地站在雾霾天里还能防雾霾。

当年,赵总的工厂生产的口罩跃居全国销量第二名。一个名不见经传的小厂在市场上响起了一声雷。这一声雷,不但造就了一个品牌,还成就了幕后的策划人。一枚小小的口罩成为大鹏自立门户的成名作。一时间,找上门的客户趋之若鹜。

一年后,大鹏搬到了面积更大的办公室,人员也扩充到了 50 个人。两年后,公司的员工超过 100 个人。在公司有 50 个人的时候,当年的纯利润达到 400 万元。他想到了曾经让他苦思不得其解的 18 万元,默默在心里念叨了一句:"得感谢刘帆踢我的这一脚,人还是得自己做过一遍才知道。"

天时、地利、人和

大鹏的公司已经成为业内知名的公关公司,他再也不用为房子和车子发愁。在北京，他已经稳稳地拥有了一席之地，可不经意间发生的一件事还是深深地刺痛了他。

2017年，北京市推出积分落户政策，按照申请人的学历、专业、工作单位、工作年限等条件进行评分，排名前6 000人可以申请办理北京户口。大鹏在第一时间提交了申请。等到第一批积分落户名单公布时，他没有看到自己的名字。这本来没什么，可是他在名单上却看到了前同事的名字。他觉得自己每年贡献这么多税收，并且解决了100多人的就业问题，就算比不上别人，比前同事肯定是绰绰有余的。

他越想越生气，无法安放的情绪让他找到了我。他告诉我他想办绿卡的理由很简单，就是为了证明自己比前同事强。2017年8月，美国对商业类杰出人才的政策放宽，大鹏果断地申请办理了杰出人才。与科技类杰出人才不同的是，公关行业需要通过创意价值来证明是否杰出。我走进大鹏的公司，首先梳理了他做过的所有原创性案例、获得的奖项和商学院的讲师聘书。然后，把与他合作的甲方客户中但凡有点名气的都筛选出来，让这些甲方的每个 CEO 都给他写一封推荐信。最后，搜集了他与国内知名人士的合影。

三者整理完毕，2017 年 9 月 30 日提交了材料，12 月 30 日拿到了批准信。获批的当天他开心地发了一条朋友圈，特别嘚瑟地显摆了一句："一分钱不花，也没投资，就拿到了永久绿卡。" 他的几个好朋友看到这条朋友圈后，觉得大鹏能办，他们肯定也能办。他们纷纷来找我咨询移民的事情。但现实是办移民也讲究天时、地利、人和，等他们真正下定决心办移民时，政策已经变了，公关行业已经很难获批了。

拿到绿卡后，大鹏做的第一件事是在某个周末的下午，走进一家哈雷店。他看到一群五大三粗、身穿皮夹克的人在一起嬉笑怒骂，没有人把个子矮小、戴着眼镜、显得文绉绉的他当回事。他在店里转了两圈，看到没有人搭理他，他就径直走向前台，指着哈雷 115 周年的纪念款问："我买那个车，怎么交钱？"

销售听到前台有人要买车，马上跑过来跟他说："大哥，不好意思，刚才有点忙，招呼不周。"

"不是有点忙，是看人下菜碟，你们所有人都觉得我根本不是来买车的人。"他说，"别废话了，怎么交钱？"

付完钱，他骑着新车从哈雷店里呼啸而出。路上遇到红灯时，旁边一个骑三轮车的大爷一直盯着他和他的摩托车看，憋了半天最后忍不住问他："小伙子，你这车要2万元不？"

他嘿嘿一笑，对大爷说："不用，用不了2万元。"

绿灯亮了，他用力一踩油门，车轮溅起的尘土像被一柄利剑劈开，整条街道只剩他的尾随者和巨大轰鸣声留下的余音。他在心里暗暗地说了一句："这车加京A牌照要30多万元。"

11 疫情，北京人在纽约

20 分钟完成临时转学

2020 年春节，在纽约留学的贾元没有回国，他和爱人还有两个孩子留在了纽约。这是他第一次在海外过春节。因为此时国内正处于新冠肺炎疫情时期。春节过后，他爱人和两个孩子回国的航班被取消了，他们只能滞留美国。

眼看着回国的日子遥遥无期，他开始为两个孩子的学习发愁。他每天绞尽脑汁辅导他们的功课。可孩子们在寒假里早就放飞自我了，知道不能上学后更是开心得不得了，怎么可能安心学习。他跟他们斗智斗勇了一个星期就放弃了，最后他明白了一个道理，没有学习氛围，两个孩子是不可能自律学习的。

他就和爱人商量，给孩子们在纽约找学校。他爱人质疑说办临时转学会不会很麻烦？她在北京为两个孩子办过跨区转学，从择校到联系好，花了一年的准备时间。这次不仅是跨区，还是跨国。需要的时间会不会更长，办理的流程会不会更复杂？说不定等到手续办好了，他们也可以回国了。听到爱人这么说，他也很害怕，但是为了两个孩子，他还是愿意试试看。

他怀着惴惴不安的心情去了曼哈顿教育局。这家教育局在一所小学校里，如果不是有确切的地址，从外面根本看不出这是曼哈顿的教育局。他找到了接待他的老师，含蓄地说出了自己的目的。老师先要了两个孩子的签证，然后就去了办公室。20分钟过后，老师从办公室出来问他要了现在的住址。过了一会，老师拿着一张名单又走了出来，然后把名单递给他，告诉他，他可以从名单里的三所学校中挑选一所。

他惊诧地看着老师说不出话来，跟老师使劲地握了好几遍手才走出教育局。

办好了孩子上学的事情后,贾元终于松了一口气。学校环境不错,而且管早上和中午两顿饭,着实让他们两口子解放了劳动力。本身就图有个看孩子的地方,顺带着练练口语,他没指望孩子们能真正学什么东西。可让他意外的是,两个孩子非常喜欢去学校。他俩一个上五年级,一个上二年级,都异口同声地告诉他,他们很喜欢学校的课程。他好奇地问孩子们为什么喜欢去学校?他们说课程有趣,作业也很有趣。

孩子们以前在家最烦的就是写作业,现在竟然热爱写作业,这让贾元很吃惊。他就向孩子们要来了作业本。小儿子今天学的是食物链,老师留的作业是你怎么看待食物链?可以用语言,也可以画画,甚至可以用表演展示你的想法。他又打开大儿子的作业本,大儿子今天学了一首英文诗,老师布置的作业是让学生像作者一样,赋诗一首。他看着两个孩子对做作业兴致勃勃的样子,不禁感叹老师对开拓学生发散思维和自主性学习的注重。

一个月后,贾元收到了学校的邀请,去学校礼堂参观一场由孩子们编排的文艺演出,主题是黑人文化。有的孩子用说唱形式,有的孩子用街舞形式,还有的孩子用缅怀黑人明星的舞台剧形式。围绕着黑人这个主题,小朋友们八仙过海,各显神通。又过了一个月,他又收到了学校的邀请。学校的小市场举办商贸节,学生自制产品,自己买卖。后来,贾元经常会收到学校的邀请,每个月学校都会举办一个主题活动。虽然他要定期抽出时间去学校,但是他非常愿意去,因为他看到孩子们每天上学和放学都是笑着的。

只吃有机食品

好日子没过多久,新冠肺炎疫情开始在全世界蔓延。纽约作为国际化大都市,自然无法幸免。尤其是曼哈顿,人口密集度极高,公共交通、公寓写字楼、电梯、空调等公共设施根本无法保证安全。两个孩子的学校也宣布停课。为了隔离病毒,贾元不得不从曼哈顿搬到查巴克。查巴克是纽约的富人区,森林密布,流水潺潺,非常适合居住。

更难能可贵的是交通非常便利，开车去曼哈顿只需要50分钟，坐火车到曼哈顿中央火车站也只需要58分钟，它是一个闹中取静的居住圣地。

搬到查巴克后，孩子们开始在家上网课。学校的网课系统使用的是谷歌课堂，这个程序集合了课程、作业、邮件、娱乐等功能。通过网络，老师教授的课程包括英语、数学、科学、体育、手工、美术等。在延伸学习方面，谷歌课堂的网络课程与纽约大都会博物馆的知识库实现了无缝连接，充分满足了孩子们的探索欲。

看到如此便利的网络授课，他开心地对两个孩子说，他们现在可以熟练地使用Word和收发邮件了。就在同一时间，贾元在国内的朋友却经常满口抱怨，他们的孩子上网课能把家长累得掉层皮。语文、数学，英语三门网课需要用2个程序才能播放。每次听完网课，老师在微信群里留的作业需要用计算机下载资料包，然后打印出来让孩子们写，写完后再拍照用微信发给老师。更重要的是孩子上网课时不专注，开着网课的页面却在偷偷玩手机。为了看着孩子学习，家长不得不跟着一起上网课。

除了安排好孩子们的学习外，贾元还得解决生活问题。美国新冠肺炎疫情暴发后，超市开始抢购，许多地方开始限购瓶装水、牛奶、鸡蛋、面粉等生活必需品。虽然住在查巴克，但他也不敢去超市，他害怕万一碰上一个感染者，他们全家就沦陷了。可是不出门，很快就会吃光喝光，家里没有余粮，超市里也没有存货，全家不得饿死？正当他徘徊不定时，他留学的法学院的院长恰好也住在查巴克，她告诉贾元，这里的居民采购的食物都是由一个农场派送的，只要打电话预约，农场很快就会把肉、蛋、奶和蔬菜送上门。

贾元赶紧打电话预约了食材。农场的效率很高，上午订的食材，下午就送来了。上门的送货人员穿着一身隔离服，将食材放到门口，按了门铃后就离开了。贾元打开门，看到密封得很好的包装袋，在门口先消毒了外包装再拎回家，然后小心翼翼地一层层打开。每一种食材都是独立包装的，在每个包装盒上都印着有机食品的认证标签。他们一家人看到这么一大包食材,就像久旱逢甘霖,赶紧下厨房烹饪,大吃了一顿。

在食物短缺的时候还能吃到有机食品,贾元感慨自己太幸运了。有了食物供给,也让他可以安心住在查巴克了。几天之后,社区通知他可以到物业免费领取大米、白面等生活必需品。听到有免费的食物领,他很心动,但马上就犹豫了,他担心领食物的人太多会不会不安全?就给物业打电话,询问去领东西的人多不多?物业的工作人员告诉他基本没有人。

物业的回答让他感到很惊奇,他想壮着胆子去实地打探一下。他戴好口罩,穿上隔离服,全副武装,在傍晚的时候悄悄溜到了物业。果然,现场不但没有排队的人,除了一个工作人员外没有人领东西。他走上前去,工作人员连他的身份证都没核实,直接给了他一大包东西。他把东西扛在了肩上,并好奇地问工作人员为什么来的人这么少,是怕不安全吗?工作人员告诉他没有人来领不是因为怕感染病毒,而是发放的食物不是有机食品。

纽约的精神

贾元把一大包食材扛回家，交给了爱人，自己去书房陷入了深深的思考中。他是 2019 年下半年来美国留学的。在国内，他是一家律所的创始人，经过 10 年的打拼，已经小有成就，所以就有了来美国开开眼界的想法，毕竟法律行业在美国已经有近 300 年的历史了。虽然是第一次留学，但美国对于他来说并不陌生。他爱人之前在西雅图读过一年书，两个孩子也在美国出生，他在洛杉矶和西雅图都生活过一段时间。可这次为了开阔眼界，他把视线锚定在全世界的经济中心——纽约。

他就读的法学院坐落在曼哈顿，他刚到纽约时，看着一望无际的高楼大厦和满街的垃圾、流浪汉，这鲜明的对比给了他很大的触动。对于有梦想的人来说，这里是冒险者的天堂；对于穷人来说，这里是难以翻越的地狱。

刚入学不久，他结识了法学院的院长和副院长，然后立刻开启了中美留学生服务项目，包括网络授课、赴中国教学等。此后，他也接触了一些侨领，从一个侨领的口中听到这样一句话："并不是我了不起，而是纽约很牛，我是站在一个巨人的肩上，所以才成就了现在的我。"初次听到这样的一句话，他没有立刻读懂。

不久，纽约暴发了新冠肺炎疫情。在这样一个自由主义泛滥、人口密度极大的地区（市区人口900万），疫情刚一暴发就有20万人感染。虽然政府一直强调留在家里，但在疫情最严重的时候，人们依然随便上街。为了方便医护和行政人员上下班，政府免费开放了地铁，结果因为免费，坐地铁的人比平时还多。

曼哈顿的穷人没有口罩，有钱的富翁去了私人岛屿。一边是没有存款、没有饭吃，一边是不是有机食品都不去领。在查巴克，投资银行和对冲基金的高管一边看着美景一边烤肉。

纽约是一个神奇的地方。它太过老旧，也太过古板。发出吱吱声的地铁，阴暗的地下通道，即使是曼哈顿这样的世界经济中心，它的公共设施也已经上百年了。曼哈顿就像一个大工地，每天这里修修那里补补。可正是这些一百年前的杰作，在今天依然正常地运转着。从曼哈顿穿梭到查巴克，贾元被这座城市的精神感染了。这是一种纽约精神，具有一种执着地相信自己可以做到一切的信念，并且让自己对特立独行深信不疑。在这里，他看到了醉生梦死的青年，看到了贫穷落魄的流浪汉，看到了这座城市的古老和躁动，肮脏和纯净。也许纽约的目的只有一个，就是想让来到这里的人越来越自由。

想到这里，贾元从书房中走出，来到院子里。注视着眼前的 3 英亩（1 英亩 =4 046.86 平方米）独栋别墅，看着两个孩子一个在扔橄榄球，一个骑着山地车准备驶向荒山，还有一只野生小鹿，正悠然自得地溜进他家的院子里。此刻，他不但明白了纽约，也爱上了纽约。

他拿起电话拨通了我的电话号码："喂，蔡蔚，我想办美国绿卡……"